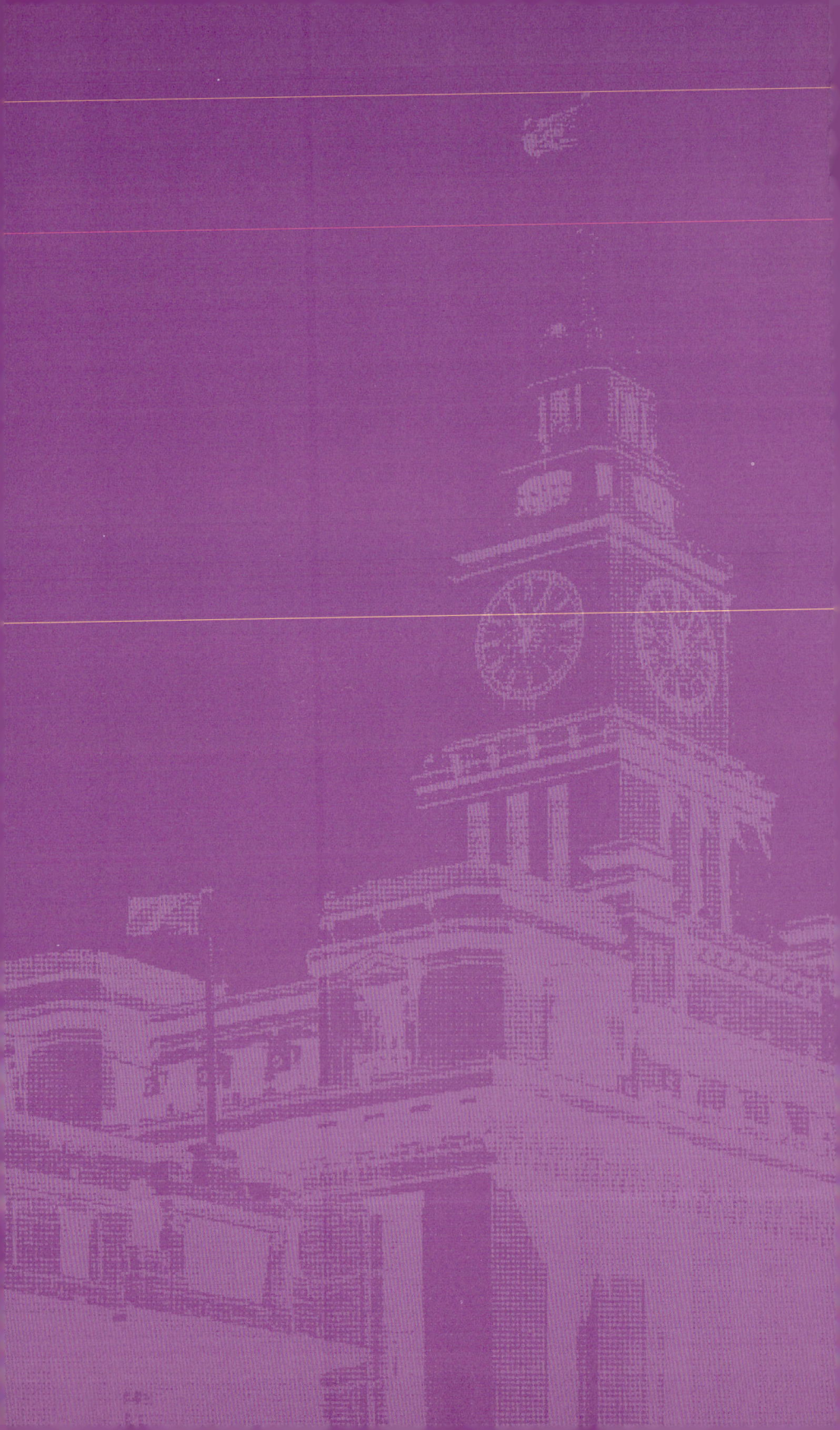

岁月不负深情
——上海城市文化访谈录

TIME AND TIDE

DIALOGUES
ON SHANGHAI'S
CULTURE

陈　东
黄凯锋　著

Chen Dong
Huang Kaifeng

上海社会科学院出版社

弄潮者的心声
——序《岁月不负深情》 赵丽宏

关于上海文化的话题,是一个国际话题。对这个日新月异、举世瞩目的国际大都市而言,全世界都关注着她的发展和变化。从上海生发出来的文化信息,发生在上海的文化事件,无不吸引着世人的目光。展现在读者面前的新书《岁月不负深情》,是一本信息量极大的有关上海文化的访谈录。这是一个新上海人和一个老上海人之间的真情对话,是一场有关上海文化的精彩讨论,这样的访谈,让人了解上海文化深远的历史文脉,也感受到新时期上海的巨大变化和发展。访谈基本是问答式的,问者黄凯锋,新上海人,学者。答者陈东,一个生在上海,长在上海,为上海的文化建设作出莫大贡献的老上海人。他们的对话,围绕着上海文化这一话题,深入浅出地探讨了很多问题和现象,对话是发散性的,涉及这个城市文化生活的方方面面。对话不时碰撞出情感和智慧的火花,让读者感受到真挚的情怀和思想者的睿智。这是一本很值得一读的文化访谈录,理由有三:

首先,陈东是我的老朋友,也是上海文化艺术界很多人的朋友。这本访谈录,其实也是她多年从事上海文化艺术活动的组织、策划和领导工作的心得体会，是一个文化人对新时代的回溯和思考。访谈录很真实地再现了她极富个性的谈话风格——真诚率性、激情洋溢、睿智机敏、风趣幽默。读这本访谈录，感觉陈东就坐在我的对面，以很快的语速侃侃而谈，如数家珍，将一个文化人在上海的观察、实践、亲历和思考生动地呈现在读者面前。

其次，这本访谈录视野开阔、思考深邃。陈东和黄凯锋的对话，讨论的问题涉及传统与现代、本土与国际化、自我意识和文化自信、中西文化的冲突和交融，几乎谈到了和上海文化有关的一切领域，文学、电影、电视、书法、绘画、音乐、戏曲、舞蹈、建筑……然而对话绝不是空泛之谈，也不是板着面孔的官话，而是有血有肉有感情，有丰富多彩的细节，有实实在在的内容，有深刻独到的见解。访谈录中的内容，从古老的崧泽、广富林文化到现代的新天地文化，从徐光启和利玛窦在徐家汇合译《几何原本》到淮海路的幽篁里古琴与萨克斯跨界即兴对话，从京剧、昆曲、越剧、沪剧到电影、电视、网络、咖啡、茶道、烤鸭、小笼包，从外滩建筑的天际线到石库门建筑的前世今生。对话的内容五花八门、形形色色，内核却都指向文化，都是对文化的思考。正如陈东所言："在城市文明的进程中，衣食住行都在变化，无一不渗透着文化的内核。"

书中关于海派文化的讨论，尤其让人感兴趣。陈东对海派文化，有自己独到的见解。她说，"上海是一个容器，它是兼容并蓄的，是独一无二的，是海纳百川的"，"它应该把全世界最优质的水吸引到上海来，即使污泥浊水也不怕，经过沉淀荡涤，照样清水悠悠。也可以说是一种水文化，至刚至柔"，"不管是从唐古拉山脉流下来的水，还是太湖的水，到了这里流向东海，我就是一个海洋城市，我就是一个流向大海的地方"。

谈到上海的包容性，陈东有这样有趣的评说：外来文明也好，全国各地带来的生活习惯也好，包括饮食文化，北京烤鸭到上海铁定变成上海烤鸭，饼比北京薄，酱比北京甜，葱比北京细，鸭子比北京瘦，这就是上海烤鸭。所以不要着急，不必过于担忧，因为上海文化是面向未来的，一定是吸收外来不忘本来的。上海本土的东西要有，外来的文明也要有。面向未来一定是汇聚全世界最好的东西，再跟自己本土最好的东西结合起来，变成新的东西。

谈到历史文化的传承，谈到对非遗的保护，陈东说："中华文化源远流长，不可能去掉昨天谈明天，所以一定要站在昨天的历史上做好今天，面向明天"，"非遗最主要的问题是要它活在当下，比如昆曲作为活化石，既然叫活化石，就不能成为死的化石，活化石是要动的。"而作为上海文化的一个领导者，她曾在这方面做了大量工作。在这本访谈录中，读者可以读到很多生动感人的故事。

上海的文化，该以怎样的形象向世界呈现？陈东也有妙论："上海是文化中心，是码头，也是源头。它既是世界文明到这里来展示的码头，全中华文明在这里展示的码头，同时也是文化原创力的源头。"

访谈录中也谈到了文化的创新，谈到青年和文化创新的关系："青年永远代表未来，永远有创新的冲动，这种冲动是带给这个城市活力的最重要的元素。如果年轻人在这里没有灵感，没有冲动，不想创业，也不想学新东西，可能这个城市就没有活力了。"

再次，这本访谈录里作者态度真诚。访谈中，作者向读者剖露了自己的心路历程。陈东这几十年的人生经历，其实也是追求理想的过程，是不断学习的过程，是在泥沙俱下的河道中淘选金子、在浊浪翻滚的洪流中寻找清流的过程。从访谈录中我们可以发现，她是一个真正的学者，她是在向世界学习、向历史学习，也在向上海的文学艺术家学习。令人感动的是她和很多艺术家的交往，她的很多感悟和思考源自谢晋的摄影棚、袁雪芬的家、钱谷融的书房、程乃珊的客厅、剧院的休息室、剧组的拍摄现场……她真诚谦虚的态度,赢得了上海广大文艺工作者的信任。

在一个面向大洋的地方,感受着百川归海的壮阔景象,听弄潮者发自肺腑的感慨和心声,这就是《岁月不负深情》将展现给读者的。

2018年6月3日于四步斋

目录

001　　对谈之一 · 容器、码头、源头

069　　对谈之二 · 据于德　游于艺

109　　对谈之三 · 紫藤萝与星巴克

147　　对谈之四 · 火车、月台与新上海人

191　　对谈之五 · 小众、新媒体与机遇空间

对谈之一
容器、码头、源头

一

时间：2017 年 4 月 21 日（星期五）
9：30—11：30

地点：上海市委宣传部
2 号楼 602 室

黄凯锋（以下简称黄）：陈部长，根据上次我们聊的话题（2017 年 3 月中旬就对谈专门碰过一次头，陈东提供了相关讲座的 PPT 和素材稿）和上周我邮件发给您的内容，我们就一个问题一个问题地展开来聊。在上海，您做文化艺术的管理工作这么多年，您对上海这个城市的文化特性，一定有自己的体会和认识，我们是不是就城市文化这个话题开始，请您来聊一聊，您对上海城市文化的内涵和特性的认识。

陈东（以下简称陈）：如果讲城市文化，一个比较大的且相对应的特质就是原来的农耕文明。农耕文明的特征是生在哪儿就长在哪儿，它的特质是有宅基地、自留地，农民离不开土地。即使农民进城打工，但是他还有乡愁，他还是要回去。有很多农耕文明的特征是不流动。

黄：就是厚重不迁。

陈：是厚重不迁，而且这个村子除了嫁人，一般来说都一直在这里。另外一个特质是熟人文化，在经济社会当中最基本的就是熟人文化。借贷、生产发展，都是以熟人为纽带。另外，商业结构也基本是自产自销，自己种的自己吃，最多是以物易物或者换成货币，形成集市形态。但是如果我们以说文解字的角度解析城市，那么城市化的进程当中有两个特点非常明显。

一个一定会是 move，迁徙的过程，流动的过程。以住房为代表，城市生活是选择性居住，物以类聚人以群分，他不是生在哪里就长在哪里，比如说哪里适合就业，我可能就搬到哪里去，哪里适合生长，我就搬到哪里去。住房可能也以生存性住房走到改善性住房，比如一房一厅是生存性的，然后要学区房，生了孩子要两房一厅，再后来到改善性的，要三房，人是在不停地迁徙的。现在很少有城市人会说，我生在这里，一套房子住到底，这已经很少了，这是一个特质。就业也好，居住也好，都在不断 move。水往低处流，人往高处走，基本是这个形态。

另一个是陌生人文化。经济从过去的农耕经济走到现在的文明经济，由原来的熟人经济变成现在的市场经济，基石是信用，它是信用卡也好，信用证也好，比如你要到国外贸易肯定要开信用证。国内现在走到了互联网经济，更是这样。陌生人，谁也不认识谁就网上交易了。像原来固定形态的摊头或者商街，现在都被互联网冲击得很厉害，人都不见面就可以交易。原来不要说摊主和购买者认识，不认识的商家也可以认识，因为他有固定的摊位，在固定的街区，我买衣服先要试，试完了才买，不行就退。现在网上购物也可以退，但是已经可以不用见面了，一切可以在陌生人之间进行。

在城市文明的进程中，衣食住行都在变化，无一不渗透着文化的内核。农耕文明也好，城市文明也罢，文化都起着一个主导的作用。现在讲互联网文化，它也是一种文化，是一种更加迅速地涵盖衣食住行方方面面的文化。

今天早上我看到一个中国台湾地区网民发的微信，他说现在大陆的支付宝已经渗透到菜场了，每个摊位前也会挂个二维码，连卖葱油饼的也有一个，三五块钱，扫个二维码，迅速地把现金灭掉。当然不是说完全没有现金。但是由小铺子一直走到大商厦，可见支付宝的厉害。共享单车扫个二维码就开始骑了。可能城市文化的发展进程中，甚至你还没想明白这是一种什么样的文化现象时，它已经渗透着改变了你的生活习惯，改变了你衣食住行的具体方式。

黄：我们中国哲学中有两句话，不知道是不是能概括您刚才说的从农耕社会到城市社会的变化，就是"智者乐水，仁者乐山"，这个"乐"字念"yao"。这个"仁者"相对来说概括了那种比较厚重不迁的方式，比较讲究熟人伦理。但是到了靠近水、靠近这种开放、比较周流无滞的地方，可能就讲究一种灵动的、变迁的、move 的状态。周流无滞和厚重不迁的生活方式完全不一样。您说的农耕社会和城市生活是不是有这样的区别？

陈：从字面上解释肯定是有这个因素，从海洋文明和大陆文明来讲，也可以印证这一点。比如相对来说，海洋文明的地区都有包容性和开放性，相容性比纯粹的内陆地区显然要大。上海相对来说开放得比较早，不管是坚船利炮下被迫的开放还是后来主动的开放，相对来说它接轨的东西比较多。内陆来的文明，它也能接纳，坐着船来的文明也能接纳，这是海洋文明的一个特点，开放度更高一点。

黄：我们来讨论第二个问题。从农业文明转向城市文明，这是很多国家在现代化进程中都会面临的现象，没有近代城市的崛起，就没有真正的民族国家的建构。现在有一些学者比较专注于上海城市文化独特性的研究，并且也建立了一种学问叫"上海学"。建立上海学，一定会分析上海文化的内在性的东西，刚才您讲的变迁的过程，我是非常认可的。学者们讲到了上海这座城市的文化应该包括三个层次：第一，上海的文脉是江浙一带的文化，是带到上海以后继续发挥作用的江南文化；第二，欧美文化；第三，主流文化，所谓主流文化就是我们说的中央倡导的富有"革命"传统的意识形态。上海城市文化在不同的历史阶段显示的特性实际上就是这三种具体文化的组合。

刚才已经分析过城市文化是陌生人的文化，信用问题我觉得完全可以理解。记得杨东平写过一本书叫《城市季风》，专门比较上海和北京的差别在哪里，很有意思。当然我们不会进行简单的表面的比较，意义也不是很大。您从事上海城市文化尤其是文艺管理工作这么多年，作为管理者也好，领导者也好，以及作为长期生活在这个城市的一员来说，您怎么来看这个权重？或者哪个方面更显著，是一个什么样的特质？

陈：你的问题本身就比较好，点到了一个核心，就是什么叫海派。上海学要研究的就是海派这个说法。海派源自 20 世纪 30 年代，或者民国时期。鲁迅先生曾经在一篇小文章里说京派是一种帮派文化，海派是一种帮忙文化。京派比较权贵，是官的帮闲；海派比较商业化，是商的帮忙。由此很多人对海派有一种歧视，好像海派是重商轻文的，海派是帮商的。

黄：就是闲情。

陈：闲情的感觉。但是也不能曲解，实际上海派是一种容器的说法。比如水本来是无形的，它装在茶杯里就是茶杯的形状，放在鱼缸里就是鱼缸的形状，放在更大的容器里是这个更大容器的形状。水可能来自方方面面。所以上海是一个容器，给我的感觉，它是兼容并蓄的，是独一无二的，是海纳百川的。所以用原上海画院院长程十发的话来说，海派无派。这是最高的境界。就是说，海派本身没有什么派系，即你刚才所说的三个层次的兼容，因为他无派，所以是独树一帜的。你给它贴各种各样的标签都不会过，小资的、闲情逸致的、开放包容的、中西交汇的，都可以在海派里找到印迹。比如江南文化，江南文化不包括北方吗？照样有。曾经有领导问我什么叫海派书法，我这样回答他，形而上的书法，它就是"这一个"，就是黑格尔说的"这一个"，因为它里面可以看到岭南派的痕迹，也可以看到如吴昌硕、米芾、赵孟頫等各流派的痕迹。

黄：可以显现出来。吸收了别的派，又不是那个派别本身。

陈：可以显现。海派绘画也是一样，它的文脉，你可以找到浙江的浦江镇，也可以找到福建的、广东的，还能看到北方的，总之，可以找到很多很多的缘起。这就是所谓的一种容器的说法，包罗万象。江南文化在这里留下了深深的印迹。比如我们今天所说的衣，上海人原来最节约的时候，可以体现为《马路天使》里的假领子，一直穿到"文化大革命"时期，还是假领子。为什么？省布料，换一个领子就像换了一件衬衫，走出去每天都是新的，它从红帮裁缝而来。又如海派旗袍，花样年华，似水流年。似水流年不是满人的旗袍，是海派旗袍。海派旗袍哪里来？又跟浙江的裁缝很有关系。领子要换，肩膀要换,哪怕穿一条宽脚的军裤,也要把它的腿型做出来。哪怕是芭蕾舞服,也要把袖子修出来,这就叫作服饰文化。上海的这种服饰文化深深地打上了江南文化的烙印。

上海的建筑是石库门文化。石库门文化在1900年以后,几乎每十年换一次样式,1900年,1910年,1920年,1930年。上海的弄堂、里弄,如步高里、渔阳里,当年是我们党在的地方,到后来的尚贤坊、裕德坊,从里弄走到了新里,即新式里弄。房子的建筑形态都不一样,其中就有徽派的影子,比如坊。

黄:您指的是建筑样式里包含了各家各派的风格?

陈:对,"里"的样子又很有town house的特点,是城市形态的新式别墅,有点像联体别墅,但是又不是联体的town house,像而不像,正是海派。

黄:您认为上海石库门的建筑风格除了徽派的东西以外还有欧风?

陈:绝对欧式,前厢房后厢房、前客堂后客堂,还有汽车间、保姆间,我们叫厅子间。传说中鲁迅、聂耳都是在厅子间里写作,因为有这种配置。只有town house里是这种配置,大的环境里有小格局。有天井,天井适合上海,因为人口比较密集,一个大客厅不能完全容纳,需要大构架里的小格局。比如保姆要用房间,佣人要用房间,要有厨房,还要有隔开的起居室、书房,室内要能够养植,还要通透、采光,坐北朝南。

黄:所以它是一个非常多元的功能体。

陈:是要功能多元。不是一个大平层可以解决的。把大构架里的小格局弄好了,就是非常海派的一种建筑,这种建筑比联体别墅更适合江南的居住环境。

黄:至少从建筑的样式、服饰、书法等可以看出,江南文化是上海的根脉,在此基础上我们还吸收了西方和中国其他地方的文化样式。

陈:都包括在其中,徽派的影响肯定是有的,但是体现的不是马头墙,也不是黑瓦白墙,而是吸纳了徽派的瓦当并加以改造,其与大石库门的石头门挡——可谓门当户对。

黄:是选择性的以我为主的取舍。

陈:用了那个石头的框,但是里面的格局又吸收了欧美的风格。

黄：对，这个 town house 多功能的东西都体现出来了。

陈：有钱人家就用琉璃瓦，还可以用意大利的彩色玻璃来装饰其家。

黄：包括地砖。

陈：地面上的大理石，你看现在的新天地一号，磨出的效果就非常好。还有大戏院，如大光明电影院、美琪大戏院，以及整个外滩里面的建筑物也都是修旧如旧。

黄：就是追想和复原它当时的那种风格。

陈：对。汇丰银行当时的四根罗马柱，全部是从罗马带过来的。

黄：欧风也好，江南风也好，进入上海以后，如何把这些东西融合在一起，跟我们的主流文化相呼应、相吻合？您怎么看？这个也很重要。有很多异质性元素，或多或少与主流文化有距离，融合不成就麻烦了。事实上存在着与主流文化合拍或相适应的问题。

陈：我们的老一代无产阶级革命家不是那么封闭的，比如朱德、周恩来、邓小平，他们都是留法的。就是毛主席老人家在新民学会送他们去勤工俭学，也是开放的思想，不然他怎么会跑到上海送他们走呢。老一代无产阶级革命家是吃过洋面包的，他们知道欧洲是怎么回事，而且那个时候从苏伊士运河到远东白令海峡最后一幢美丽的建筑物在上海，就是我刚才讲到的汇丰银行。所以革命领袖是最早受过西风的浸润，他们了解过欧洲。旧上海曾被称作冒险家的乐园，什么人都到这里来。在上海留了77栋建筑的建筑师叫什么来着，一下子想不起来了。

黄：我记得这个建筑师，铜仁路那里的蓝屋也是他设计的，作家程乃珊写过。

陈：还有国际饭店、大光明电影院等都是他设计的，想起来了，是邬达克。

黄：有77栋啊，了不起。

陈：他在"一战"被打折了腿，他的祖国匈牙利不要他，捷克斯洛伐克不要他，他跑到上海来。等于是自学成才当了建筑师，留下了那么多保护性建筑，都是好房子，特别好的房子。

黄：包括给静安区的居民设计了很漂亮的公寓。

陈：是，很多的 town house 都是他留下来的。邬达克是典型的外来者，但是他在上海留下了那么多的印痕，每一栋建筑都不一样。所以大光明电影院 2006 年修复重新开业的时候把他的侄孙子还请了过来，大光明曾经失火重建是 1928 年。这说明了什么？老一辈们是很开放的，可以容纳更多外来者。

黄：您的意思是这个主流文化跟我们说的欧美文化和江南文化并不抵触？不似人们想象的那样，主流文化排斥别的文化样式。按照您的理解，主流文化本身也是开放的？

陈：我们的革命者都是受世界文明熏陶的。芦苇荡里不可能直接产生共产党，山沟沟里的马列主义是传播的结果。十月革命一声炮响，送来了马克思主义。《资本论》《共产党宣言》，不可能在山沟沟里翻译，也不可能在芦苇荡里出现，它们是在上海，由上海印刷出版，早期马克思主义的传播和媒体有密切关系，而媒体本身又是从国外进来的。比如《字林西报》是第一份在中国出版的英文报纸，英文报纸出现后，才有了后来的《申报》——中国第一份中文商业报纸。有这样的报纸做载体才有了后来革命思想的传播，包括江南文化的传承，等等。

黄：这是一个很有说服力的说明。我们确实不能按照固有的观念理解主流文化与欧美、江南文化的关系。马克思主义本身就是外来文化，早期传播的时候是与欧美和江南文化很自然地在一起的。

陈：没有这张《字林西报》也许就没有中国的媒体。《字林西报》出来后，申报馆也应运而生。1923年上海又有了自己的电台。电台也是一个非常重要的媒介。所以，近代文明在上海的兴起不是偶然的，而是世界文明和本土文明相结合的产物。英文报纸—中文报纸—广播电台，都和西方人相关，他们还办了交响乐团。

话剧是从日本传过来的，是我们的老一辈到日本去留学，成立了一个春柳社，翻译了一本《黑奴吁天录》，即《汤姆叔叔的小屋》，这些是中国话剧的起源。由此可见，主流文化不可能在芦苇荡里产生，也不可能在纯粹的山沟沟里产生。

黄：上海这样特殊的地理环境，造就了主流文化与其他文化相处的方式，一开始就有开放包容的一面，一开始就不是对立的关系，一开始就是自然融合的过程，这是上海的优势，伴随近代文明。

陈：对。所以革命文化不是抵触的，而是西方文明输入过程中碰撞的火花，并形成了中国特色，它一定是跟本土相结合的。外来文化与本土文化不糅合的话，中国人听不懂。你讲俄语他讲德语，肯定没办法交流。《字林西报》国内读得懂的人有限，所以必须翻译成中文，变成《申报》才行。大众传播促成这种很自然的融合。

黄：上海学研究，得到了很多历史研究者的共鸣。作为一种城市文化，核心的几样东西，你本土的、西方外来的和十月革命送来的，在上海这一方水土，一开始的融合度就很高，这是非常有意思的现象。当然发展到今天，主流文化对欧美、江南文化的吸纳和综合程度如何，还需要进一步分析。

陈：是的。比如革命文化，如《资本论》和《共产党宣言》，陈望道先生等革命先驱，他们不可能在浙江乌镇翻译完就结束了，而是一定要到上海来，因为在上海理论才得以传播得开，受众面才会大。

黄：好，这个问题我们先讨论到这儿。第三个问题，上海这样一个非常有特色的城市，我们常说它是长三角的龙头，跟长三角的城市群一直保持着交通、人才、资源等方面的密切沟通。最近我看到江苏省委书记李强特别要求江苏的很多城市，尤其南通，要接轨上海。很多城市都有这样的需求。我想问问您，从城市文化建设的角度来说，上海对长三角的集聚和辐射在文化上如何起作用？一种是把很多要素集聚起来，另一种是把这样的一种带有包容性的海派文化特色的东西，对长三角整个地辐射开去。当然这个辐射不是我要控制人家，而是潜移默化地影响人家。一个是集聚，一个是辐射，您怎么看？

陈：可以分两方面谈。一是从纯经济角度来讲，可能有产业结构布局的梯度转移效能。打比方说，原来上海是重工业城市，是共和国的一个长子，门类最全。因为土地有限，我们就这么6 300平方千米，就是全部算上也不会超过6 400平方千米，在这种情况下一定要做高能级低消耗、环保比较好的产业。因为不可能经济结构里没有工业，没有工业这个城市也是死翘翘的。我们要做什么，现代服务业和现代制造业，这也是江浙一带将来的发展方向，梯度也就是这样产生的。二是从产业结构转型升级的角度来讲，上海一定起到辐射的作用。我们现在做"北斗"，将来的GPS，"上九天揽月，下五洋捉鳖"，上至太空，天空之吻，离不开上海；下至潜水，蛟龙计划等，也离不开上海。上海原本是工业企业最集聚，又是各类人才最集中的地方。历史上产生久远影响的工业，发展到今天而成的现代制造业，是不可以放弃的。上海是龙头，但现代制造业不可能由一个城市完成，也不可能由一个集团完成，一定是集群的，这个集群需要配套，这种配套就是经济结构转型最有力的支撑。

经济上的辐射从这个角度来讲是很自然的。

服务业也一样，你今天要跟芝加哥的期货市场对接，跟美元市场、欧元市场、东南亚市场对接，无时差的 24 小时的金融服务，在哪里？上海一定起龙头作用。道理很简单。从这个龙头出发，集聚和辐射长三角甚至整个华东片区，即华东六省一市，这个作用是不可替代的。他们是整体分工协作的关系。从经济学的角度来讲，意义就在这里。

另一个角度是文化。我刚才特地讲到互联网文化，在乌镇可以开互联网大会，马云可以在杭州做互联网的创业，最近马云和上海的百联签了约。线上的要发展线下，线下的要发展线上，实际上切割不了。虚拟和现实没法不发生关系，虚拟的一定跟现实有关。在这种情况下，文化的叠加和互相的影响都是存在的。杭州现在城市管理做得很好，对上海就是一种互补。城市管理当中如道路交通，包括现在的共享单车，杭州管得也很好，对上海就是一种反馈：上海也要精细化管理，也要学杭州、学南京。所以相对来说，并不是只有上海会辐射别人，而是互相有辐射。乌镇开互联网大会，上海开亚信峰会，杭州办 G20 峰会，都很成功。重大会展拉动当地的经济发展和文化传播，相得益彰。我们有 APEC、亚信峰会、上合组织峰会、世博会等，有很多很多的会展文化，我们比博鳌做得还多。我们还有工业博览会、艺术博览会，这些会展文化在整个长三角的良性互动中是不可抹去的一道独特风景线。

我们从做蓝底白字的工业性、标识性设计，一直到把全中国、全世界好的艺术品拿过来的艺博会，一做就是 20 年。上海电影节、上海国际艺术节，都有 20 多年历史了。上海之春音乐节已经 50 多年了。这些一点一滴积累的重大会展和重大节庆，作用功不可没。去年马林斯基剧院把他们的歌剧、交响乐和芭蕾舞全部艺术形式都带了过来，辐射的就是长三角。我们做的国际艺术节无锡分会场，就是在上海所有的节目里好中选优，送到无锡，办分会场，到杭州办也是如此。

黄：马林斯基剧院是哪个国家的？恕我孤陋寡闻。

陈：俄罗斯圣彼得堡。

黄：一个剧院，包括各种各样的艺术样式？

陈：交响乐《彼得与狼》，歌剧《黑桃皇后》，还有俄罗斯版的《罗密欧与朱丽叶》。400 年间这家剧院还没有出来交流过，只有上海首先达成了合作。

黄：所以是集聚的能力，集聚以后再辐射。

陈：对，到了上海后这家剧院又去巡演。

黄：除了上海辐射别人以外，现在其他城市也反过来和上海产生互动，长三角城市群的诸多作为也在潜移默化地影响和激发着上海，您对这种互动的描绘给我留下了很深的印象。

陈：因为后发展有后发展的优势。比如安徽的演播厅就做得比上海好。因为他们有条件把先发地区最好的东西叠加起来。

黄：上海是很会消化吸收好东西的城市。

陈：我比你晚发展20年，凭什么再亦步亦趋？我总归是拿你现在最好的东西过来。你有最好的大剧院，我要建就要比你强。所以现在造出来的无锡大剧院、太仓剧院、昆山剧院、湖州剧院，可以比你新，占地可以比你大，功能可以比你全，因为它们是后发展。上海做大型文化设施，当时要求就是20年不落后。

黄：我们接着来讨论下一个问题：上海城市文化的建设和整个国家的文化体制改革是有内在关系的，您能就这个方面来聊一聊吗？2005年到现在整个文化体制改革，包括文艺院团的体制改革，您非常熟悉，有的直接参与了领导。这些改革的初步成效如何？对上海城市文化建设有什么促进作用？就是原来我们说的多样融合的上海文化，通过改革有没有把活力进一步激发出来？

陈：文化体制改革是一个探索的过程，因为上海最早被国家列为改革的试验田，各项改革都是试验田。文化体制相对于当下生机勃发的文化发展难免滞后，相对于经济改革，更是慢了半拍甚至好几拍。而文化体制改革本身有阵痛，这是毋庸讳言的。上海先是电影集团改革，接着是印刷整合成集团公司，后来到媒体改革，现在出版局底下已没有直属出版社，出版社从事业单位全部转制成了企业。电影业变成了电影集团，媒体变成了媒体集团，它们原来可都是事业单位。一点一点剥离，一点一点企业化，不容易，最后改的是文艺院团。文艺院团改革比较晚是有原因的，因为这种改革直接触及的是文化人才。院团其实没有任何所谓硬件，就是人，你把人去掉这个院团就什么也没有了，一堆服装道具而已。而人才制度改革，肯定是最难的。

所有的改革中资产好处置，人难处理。上海的历届领导在这个问题上十分注意方式方法，一步一步稳稳的，不管组织框架如何改变，对人的处理非常慎重。不管资产如何盘整，归置如何调整，沪剧挂靠《解放日报》，越剧挂靠《文汇报》，电视台下面也有不少挂靠院团，一点一点，逐步推进，终于变成今天的"三驾马车"：大剧院艺术中心、戏曲艺术中心和演艺集团，三个平台下分别按门类归口相关文艺院团，实行分类管理。

黄：其实这个"三驾马车"我们一般人是不太清楚的。比如上海文化广场主打音乐剧，大剧院却是它的大股东。戏曲艺术中心，我也不太清楚。跟您聊聊，长了不少见识。

陈："三驾马车"其实是上海的创新，别的城市里可能就是一个集团把所有的院团都包括进去，他们碰到的问题比我们还多。因为没办法分类，一个演艺集团底下门类繁多，跟我们上海早年的情况很相像。这个所谓演艺集团负责人就变成了一个大文工团团长，底下设了很多小文工团。上海现在不是这样的，我们"三驾马车"是分类指导，一步一步走到今天的。2005年2月先挂牌成立大剧院艺术中心。然后到2009年成立戏曲艺术中心，再后面是演艺集团。全部转企。在一轮又一轮的文化体制改革中，以文艺院团为例，我是看着它一步一步走到今天的，也算是亲历者吧。国家该给的皇粮给足，自己要吃的杂粮做足，皇粮加杂粮就不是原来皇粮杂粮各一半的局面。原来是给你一个保底数，然后你自己赚。死不掉也活不好。现在可以保基本，多劳多得，一团一策。

黄：一团一策，分类管理。上海应该是十年前就这样做了吧？当时看到过一些报道。

陈：对。我们是逐步走到今天的。

黄：这个还是比较合理的。因为剧种和经营方式很不一样。最近参与了上海重要文化设施的使用情况和综合效能的调研，发现公益性的、非营利性的和经营性的差别很大，所追求的目标很不一样，政策应该分类管理、分步实施。评价的标准也应该有所区分。

陈：比如交响乐、芭蕾、歌剧及民乐，观众再怎样也是有限的。完完全全靠唱戏养人是很难的。戏曲就更难，京、昆、沪、越、淮、评弹，怎么可能完完全全靠演一场保一场这样下去？相对来说，还是杂技、话剧、木偶等这种市场份额稍微大一点的转制变成企业比较好，这种"转企"改革的背后依然有财政托底，名称改为"改革扶持资金"。这是保基本的。

黄：托底保障的同时，让有条件的到市场上去探索创新，走出一条文化产业发展之路。

陈：对。

黄：我印象中有的剧团叫"传习所"，大概和上海社会科学院一样，是公益一类，财政全托底，没办法走市场。

陈：是，政府在其中就是起这样的作用。所以文化体制改革一步步走到今天，几届市委、市政府都是采取谨慎而又务实的态度来对待。不管上面的格局怎么变，领导小组组长是谁，对文化人才和文化事业的管理都非常慎重，这是上海城市文化发展总体比较稳定、态势比较良好的根本原因。

黄：您觉得从理论上来讲，是不是有一个文化与市场的关系处理问题？我们的城市文化虽然带有很强的商业特性和市场色彩，不是阳春白雪，也不是象牙塔里的东西，但是在整个文化体制改革的过程中，还保有作为文化人的精神追求和对文化事业的基本尊重。这是难能可贵的。在一个商业文化非常繁华的地方，还能不完全跟着商业齿轮走。这个城市已经有底气追求文化品质，有能力使文化人过上体面的生活。

陈：我们确实是力求处理好文化与市场的关系。用我的话来说，对老艺术家，一定要给他体面有尊严的生活；给中年艺术家呈现舞台风采的机会，使青年人才有成长成熟的平台。老艺术家他拿不动笔了，他已经唱不动了，他最多是传承、带教，你要给他体面一点的、有尊严的生活。所以上海进入名册的老艺术家每年都有生活补贴，是专门给的。原来是2万元一年，现在是分两档，一档是4万元一年，一档是2万元一年，老艺术家走了以后还专门给3万元补贴。这是作为政策来操作的。

黄：夕阳无限好，只是近黄昏。岁月无奈，慢慢地，老艺术家一个一个走了。

陈：是啊，"不知江月待何人，但见长江送流水"。还好，中年艺术家现在在挑大梁。我们要给他们呈现的舞台和机会，练了半辈子，藏在深闺，不现实。青年艺术家要给他一个平台，培养他，造就他。这次第六届文化艺术奖，12个终身成就奖，每人税后50万元；12个杰出贡献奖，每人税后30万元。财政局也好，税务局也好，其实都是国家的。当作省级劳动模范的奖励总可以吧，尤其是终身成就奖的老艺术家们，他们在最有风采的年华里是没有什么额外收入的，哪里有钱？都是拿很少的一点工资，现在给他们一笔钱，作为他们终身的奖励。有位老艺术家拿完这笔钱以后跟我讲，这辈子没见过这么多钱。这个是不是有体面、有尊严？对青年艺术家，我们不是用给钱的方式，而是给43个青年艺术家出光碟出书，资助专场演出，提供的是传播的平台。

黄：这里有玫瑰园，就在这里跳舞。给青年艺术家一个平台来表达自己，很好的形式。

陈：比如青年舞蹈家朱洁静专场，平时是拿不到专场啊。

黄：我知道她，参加过舞林大会，瘦瘦的那个。

陈：黎安也有一个专场。

黄：专场本身就是一种肯定。

陈：用这个方式，我不是直接给你钱，而是帮你打造一个平台。

黄：很好。通过文化体制改革，我们不能把文化人和文化单位统统推到市场上，上海采用的办法首先是分类的，分类就是一团一策，然后在改革过程当中，对艺术家们，分别针对不同的年龄有相对不同的支持。总的来说是尊重艺术家、尊重人才，保有我们城市文化在商业齿轮当中的一个品质，是不是？

陈：是的。就是习近平总书记说的，不要被市场经济的大潮所淹没，沾满了铜臭味。

黄：我们来聊下一个问题。上海城市文化本身是历史感和现代性结合的产物。20世纪二三十年代的上海，改革开放初期的上海，都对今天上海城市文化的塑造产生了比较深远的影响。如二三十年代的上海是半壁江山、文化中心和摩登都市；"文革"

以后的上海,在全国都有标杆性的作用,它的产品也好,文化也好,对今天都是很重要的馈赠。您觉得这一历史馈赠对今天有什么启示意义?上海如何不忘初心,继续前进?

陈:习近平总书记说要不忘本来,这是在去年哲学社会科学工作者会议上的提法,"不忘本来,面向未来"。

黄:最开始应该是在中国共产党成立95周年大会上提出的,是"不忘初心,继续前进"。所谓的本来和初心是相连的。其实我想说的是,今天的上海城市文化,之所以是如此这般,离不开历史感,有一个历史感和现代性相结合的过程。曾经有的优势和别人的期待有时候可能会变成包袱。曾经你是中心,现在你怎么不是了?您怎么看这一问题?我刚才搜了下,习近平总书记提的是"不忘本来,吸收外来,面向未来"。

陈:这也正是上海的特质。

黄:这个问题里想聊的就是不忘本来,吸收外来的内容,我们刚才在谈及上海文化的三个层次时已经讲过。您觉得上海城市文化如何能够不忘本来,面向未来?

陈:中华文化源远流长,不可能去掉昨天谈明天,所以一定要站在昨天的历史上做好今天，面向明天。昨天留给我们的是什么，比如开埠以来，外来文明是有影响的，绕不过去的，不管是一声炮响也好，外来文化也好，留给我们的历史文化遗产有很多方面，包括创建了现代文明，比如说电影。1895 年 12 月 28 日，卢米埃尔兄弟放映电影，1896 年在上海也放映了电影，只差一年。等于他在巴黎的咖啡馆里放完了就在上海放了。中国电影诞生是非常有意思的。2015 年，上海的一部 3D 京剧电影《霸王别姬》获得金卢米埃尔奖，卢米埃尔是电影发明家。"奥斯卡奖"大家都知道是故事片奖，但是电影技术奖是金卢米埃尔奖，近年来获得金卢米埃尔奖的有李安的《少年派的奇幻漂流》、卡梅隆的《阿凡达》和我们的《霸王别姬》。

黄：我看过介绍，卢米埃尔兄弟是发明电影的人。

陈：世界电影发明 120 周年、中国电影发明 110 周年的时候颁这个奖，有意义吧？中国的第一部 3D 京剧电影《霸王别姬》获得技术进步大奖，这不就是历史和现代的结合吗？

黄：我真是 out 了，还以为是张丰毅和张国荣主演的《霸王别姬》呢。

陈：是不是一个不忘本来，面向未来的典型案例和象征？是尚长荣和史依弘演的,滕俊杰拍的,向世界电影致敬,也是向中国电影致敬。所以不忘本来很重要。还是以电影为例,老的电影工作者在上海,从1913年拍的《难夫难妻》开始第一部默声片,是中国第一部可以跟《卓别林》电影相媲美的无声片。至今已有无数的第一都在上海诞生。第一次在上海放电影,第一部无声故事片,第一部彩色故事片,第一部儿童片,第一部动画片《大闹天宫》,第一部译制片,都是在这里,片种是最全的。不管是《马路天使》《乌鸦与麻雀》,还是《一江春水向东流》,一直到后来的《渡江侦察记》《南征北战》《红日》《芙蓉镇》《天云山传奇》,那个年代的电影一直影响到20世纪80年代甚至90年代的影片《鸦片战争》。从国产电影的角度来说,上海老一辈的电影人都作了非常大的贡献。话剧也是在上海诞生的,留下了一笔不可多得的财富。今天说看话剧去安福路,它从哪里来的?上海人艺青年话剧团。现在的话剧中心不止20年,它们并起来远远超过20年。从卡尔登大戏院里面演话剧,一路走过来。袁雪芬说越剧有两个奶娘,一个是昆曲,另一个就是话剧。因为编、导、演、化妆舞美都是从那里过来的。今天我们来纪念的一百年的越剧、一百年的淮剧、一百年的话剧、一百年的申曲(沪剧),都离不开上海老一代,尤其是20世纪二三十年代这些戏剧家的贡献。

黄:实实在在的不忘本来。

陈：包括中国京剧也是上海命名的，在上海的申报馆命名的。此前它有20多种名称，大剧、评戏、评剧、乱弹、西皮二簧，很多很多名字，后来叫京剧。2015年全国戏曲工作会议上刘奇葆（时任中宣部部长）问我，你知不知道京剧这个名称从哪里来？我说我当然知道了，上海的《申报》，因为上海有每天出版的报纸，全国没有这样影响力的报纸。

上海的报纸上面，戏剧评论家说，这是京城来的戏，为什么名称这么乱，就叫它京剧吧。就是这样定下来的，于是才有京剧《梅兰芳》，京剧《马连良》，京剧《杨小楼》，名称统一。不然冒出个西皮二簧，大家一时不知道是什么。越剧哪里来的？原来叫"的笃班"，的的笃笃敲板，男生班，小歌班，然后是半农半艺班，然后是乱弹，它叫滩簧戏，他们是从哪里来？从曹娥江走到黄浦江，溯源而上，一百年里十三流派也好十五流派也好，十姐妹也好，全是浙江来的。但是越剧流派的代表作全在上海，成名成家也全在上海。历史上的上海就是这种地位。

黄：就是码头和舞台了，你一定要上这个码头才行。

陈：他在天津红了不算红，在北京红了也不算红，一定要到上海来，到了上海，在舞台上把霓虹灯扎起来，门口摆花篮，里面打的是他的头牌，这才叫作真的红，因为有人出钱买票了！那个时候的票房不掺假，是真的票房。坐进去的人是真喜欢。

所以说 20 世纪二三十年代留下来的商人运作，是一笔财富。包括表演的程序化一直留到了今天。越剧来上海之前是没有剧本、没有乐队的，老师唱错别字，徒子徒孙也唱错别字，口耳相传，口传心授，一个动作摆错了大家一直错到底。不像京剧和昆曲，都有剧本，有乐队，有人作词作曲。袁雪芬说越剧有两个奶娘（昆曲和话剧）是名副其实的。昆曲六百年，话剧一百年，话剧和越剧差不多同时进的上海，弥足珍贵。包括当时的杂技，现在也都玩到国外了，杂技也是到上海来集成的。所有戏剧的样式都是到上海来集成。今天海派木偶的传承人，海派杂技的传承人，源远流长，这就是我们的家底。"人生代代无穷已，江月年年只相似"，演贾宝玉的徐玉兰刚刚走掉，越剧十姐妹，个个都不是上海人，但是个个都留在了上海。

黄：这就是二三十年代上海文化的独特魅力。回到刚才的问题，今天我们有这么一笔厚重珍贵的历史馈赠，在面向未来的时候，对这样一笔财富持一个什么样的态度？或者面向未来，我们讲得"高大正"一点，有没有再创辉煌的问题，不能一直躺在前辈的功劳簿上。

陈：当然有。周恩来总理曾说一出《十五贯》救了一个剧种，是指昆曲。本来昆曲已经没有了，没落到什么程度呢？所有的昆曲艺术家都已经在街头卖艺了，没有昆班了。怎么解决？周恩来总理提出在上海建立上海戏曲学院的昆曲班,这就有了昆曲振兴的第一波,也叫昆大班。昆二班现在只剩一个人,就是张静娴,其他人全部改行了。昆大班的老师尚健在的、仍在教课的有 7 个,辐射全国的 9 个昆曲团,所有的徒子徒孙全是上海的。幸亏当时周总理指示建了第一个昆曲班,把昆曲人才培养的事情做起来,才有了蔡正仁,蔡正仁他们这一拨人都在昆大班,现在已经到昆五班、昆六班了。因为昆大班不是年年办的,要隔好多年才办一个班,所以到现在也就昆五班、昆六班了。也就是说昆大班的老师革命火种遍及全中国 9 个昆曲团。桃李芬芳,春华秋实。

黄:上海本身对传统的艺术剧种也好,剧种人才也好,总之对传承这个东西非常重视,因为我们有非常厚重的值得欣慰的历史文化底蕴,您觉得在面向未来的时候,我们当下比较重要的还可以再做点什么,或者在一幅已经非常色彩斑斓的历史画卷上,还可以增加什么亮色?

陈:比如现在的美术工程,就是一抹亮色。董云虎(原上海市委常委、宣传部部长)说做两个开天辟地,一个是中华神话"开天辟地":《山海经》也好,《女娲补天》也好,做到今天有多少人把这个"开天辟地"留下来了?还有一个就是共产党的"开天辟地"。为什么当时有 374 个社团组织在上海,唯有共产党得了天下?董部长说的这两个

邵钧林，1949年出生的一位军旅作家。

擅长重点话剧、影视剧的著名编剧。昨天，遽然在家乡浙江金华落叶。不敢相信实况，不忍卒读讣闻。和邵老师相熟，彼此挂念。电视剧《开天辟地》《领袖》创作期间，一遍遍磨合，一场场论证。记忆中您是个较真的角儿，为了史实一一验证，不肯放过任何有瑕疵并可能引起争议的历史角落和记忆碎片。"高于生活，必须源于生活"。这是勿需质疑的讨论起点。大家免不了唇枪舌剑，争论不休，各执一词，你来我往。您总是在一旁静静聆听着，从容自若地记下点点滴滴。会认真坚定地坚持着认定的角度。谦和的笑容，温和的词语，使人们放心地把握重大题材走向。记得去年在上海大剧院，话剧《小平小道》演出成功。我祝贺您的又一部大作上演，你还是嘴角微微上扬：自己单位的事嘛，必须的。我说：台上不能用明火啊，为难剧院了。消防员手持灭火器站在台口，为了剧中小平同志的两支烟好紧张！你咧开嘴啦：小平最痛苦和最畅快的时候都抽烟啊！多数场合，您性子不急，文人雅士范儿。坚持艺术理想时，您会用各种方式进行软抵抗。悠悠然一句：我是这么想的，了然。真的好想您！而今您回乡归根了，今后的大作品创意时，一定会想起您，独怅然而泪下…（陈东）

开天辟地，就是不忘本来，面向未来，接续我们原来的重大革命历史题材，把所有的美术家在这个旗号下集聚起来。从徐光启、黄道婆，到巴金、鲁迅，再到中共一大、中共二大，然后到《红旗颂》，一路做下来今天变成重大的美术工程。开埠也好，革命也好，现代化也好，改革开放也好，一直走到今天，面向未来的东海大桥、洋山深水港，把历史和未来衔接。

黄：历史上至今建设起来带有文脉性的东西，要有艺术的方式、美术的方式加以呈现，开天辟地。

陈：叫作重大历史文脉。

黄：重大历史文脉的美术创作工程？

陈：第一期开天辟地的美术工程是杨振武（董云虎部长的前任）在任时完成的，第二期中华神话故事的开天辟地工程是董云虎在做，这是一种接力，把重大美术工程接续起来。面向未来需要我们做什么？需要不同专业的艺术家深入生活，扎根人民。民间采风就是很重要的载体。采风以后，你心中有灵感有冲动，然后就会描摹。所以面向未来，他要了解，了解完了以后，他说我很有冲动，我就想报选题进行创作。这不就是一个面向未来的工程吗？再比如，"我心中的上海2040"项目，你画什么？2040会怎样？折叠上海吗，不可能吧。

黄：您的意思是说即使我们有这样一笔历史馈赠，在面向未来的时候，应该要着眼当下。对当下的生活，包括对当下的上海要有一个非常接地气的了解和发现。过程意识很重要，当时我

上海文艺重点工程：

时代风采——上海现实题材美术创作工程，"围绕弘扬社会主义核心价值观"和"中国梦"两大主题，结合改革开放以来上海城市发展变革的典型案例，以新事物、新人物、重要纪念日、重要文化活动等为切入点，于2019年年底前创作完成100件现实题材美术作品；开天辟地——中华创世神话文艺创作过程，作为中华民族铸魂塑魂的文艺复兴工程，更好地梳理中华文明起源，展现中华民族精气神，为中华民族伟大复兴提供文化源头的支持。2018年年底前创作完成110件中华神话故事作品、30本连环画绘本等一批优秀文艺作品。

们去做一些戏曲的尝试也好，做贴近生活的艺术表达也罢，总是要从新的视角观察上海，寻找新的主题继续往前走。

陈：是的。因为你要面向未来，肯定是站在本来的基础上，吸收外来的可能性，描摹更美的画。历史好比一幅色彩斑斓的图画，不是一张白纸，在这幅已有的图画上，可以描摹的更好的空间在哪里？留白在哪里？一抹亮色又在哪里？这些真正想清楚了，历史长卷才会不停地展开，新的东西才会出来。

黄：对，上海的传统优势非常明显，而且原来也被誉为中国文化的半壁江山，优势明显，别人对你的期待会更高。稍稍节奏放慢一些，人家会指责你，你怎么退步了？

陈：所以很多人会讲我们现在不如 20 世纪 30 年代，为什么大世界开出来以后没有以前好玩。我很是为大世界现在的操盘人担忧。当时没有迪士尼，没有欢乐谷，没有碰碰车，大世界里却有全世界最高的摩天轮，远东绝无仅有。那时候大世界是最好玩的，你现在跑到大世界去除了看看哈哈镜，然后看一下非遗留下来的东西，再回过头去想，它真没有我想象中那么热闹、那么好玩。因为人们的审美眼光在进步，娱乐样式、情趣等都在变化，再指望室内游乐场办成当年样样都有的万花筒，怎么可能？

黄：您说得有道理。现在的上海在做很多事情，我们需要有一个承受力和耐心来对待外界的期待。

陈：要有一个对比，是跟过去比，大家一定会说你不如过去，因为我们大家都带着怀旧的心态看未来。上海过去是做得很好，但也不能把现在全抹黑了。

黄：在整个文化体制改革的过程当中，上海的文化设施也好，公共文化服务体系也好，整个消费文化的多样性已经完全不可同日而语，就像期货一样，心理期待上来了以后，相对而言，步子还不够快，而实际上我们已经快马加鞭了。这个落差，作为上海城市文化来说，还有一个包容、理解的过程。

黄：从2005年开始国家就非物质文化遗产（简称"非遗"）制定了相关政策，上海有50多个国家级的非遗项目，这个主题也许能单独谈一次。把非遗放在博物馆里，或者做好生产性保护，可以考虑非遗品牌及其产业化，想听听您的意见。

陈：我觉得非遗最主要的问题是要它活在当下，这是最重要的。为什么我对大世界不满足呢，其静态的非遗展示做得还可以，但动态的非遗还有待创新。所谓静态的非遗，比如今天是灯彩，明天是竹雕，后天是书画或者湘绣、苏绣、顾绣，你可以用各种不错的手段和方法让它静态展示,但是怎么让非遗活起来、动起来?恐怕路还很长。比如昆曲作为活化石,既然叫作活化石,就不能成为死的化石,活化石是要动的。我们做过很多探索,比如让京剧、昆剧走进青年、走进校园。现在有一点比较开心的是这20多年的探索之后,现在看昆曲的白领观众也很多。

黄:昆曲团在粉丝群的维护上做了很多努力。

陈:就是"昆虫"。原来青年人几乎没有看昆曲的,现在黑头发比白头发多。

黄:乐见其成。

陈:很开心的。京剧也是这样,京剧走进青年,follow me。在 follow me 的时候,在大学里,如果你不会唱两句京剧,也蛮 out 的。我原来有一个设想,让每个在上海读书的大学生,在大学四年时间里进一次剧场,不管他看什么戏。我上次去看儿童剧的时候,对那个儿童剧不满意,觉得其选的剧目不太好,就直接跟儿童艺术剧院讲你们选的不太好(他们在做公益)。因为给农村从来没有进过剧场的孩子看戏,要给他们看非常阳光的、很开心的剧,比如《马兰花》。然而,我们觉得不太好的剧目，那些外来务工子弟都觉得好得不得了。我就随机问了这些小孩，他说因为他从来没有看到过。

黄：都是新鲜的，对他们来说。

陈：《天山上的来客》是时任上海市委书记俞正声要求演的，后来在文化广场演了四场，当时来看的全部都是新疆学生，三千名，从新疆到上海读书的那些孩子。看完以后我随机采访了三个不同学校的新生，就在文化广场，我说你看过吗，他说听过刀郎的歌，但是没看过。《花儿为什么这样红》一曲，将来就是"非遗"了，是音乐类的"非遗"了，几乎没有人描摹过这段历史了。今天的作为就是明天的历史，所以活态传承的田头山歌、活态传承的码头号子、活态传承的顾绣，这些都是好东西，但是好东西是不是到了下一代就流失了？因为没有传承人。得过茅盾文学奖的《繁花》，如果把它解构为评弹的书目，一出一出往下讲，在大世界讲，也许就是一种活态的传达。

黄：这个很有意思。

陈：这就是活态。样式是非遗，比如刺绣刺的是非遗，但是绣出来是什么主题，它可以是今天的也可以是明天的。金山的农民画是非遗，但照样可以画新农村。

黄：因为内容不随时代而调整，就很难传承。

陈：就没有后来了。

黄：您觉得活态是关键？

陈：当然。

黄：我虽然不专门研究非遗，但个人觉得非遗作为城市文化记忆的重要组成部分，应该进行生产性保护、不断开发新产品，进行品牌塑造。

陈：宜兴紫砂壶就有生产性保护。不断实践比什么都重要。

黄：其实它就是一个活下去的过程，因为不做了，放在展览馆里，放入光环围绕的另册，基本上也就没有生命力了。

陈：其实就是死了。茶壶一定要拿来用。如果我们说工艺品的话，工艺要生活化，生活要工艺化，生活艺术化，艺术生活化。

黄：否则就变成墙上挂着的东西了。

陈：非遗必须要生活化，生活还要有非遗元素的艺术化。

黄：这个想法我赞成。

陈：最典型的就是金宇澄写的《繁花》。说起来原本是网络文学，说的是上海弄堂故事。老弄堂里，阿毛出生了，观众说后来呢？接着再说阿毛长大了。后来呢？阿毛恋爱了。再后来呢，阿毛离婚了。就这样子，后来呢后来呢地讲了十年，后来呢，居然在十年以后变成了一本茅盾文学奖的作品。

黄：很厚的一本书，当时出来的时候我就买了，很喜欢。那些曲里拐弯的插图也很有意思。写出了上海城市文化的味道。

陈：但是高博文把《繁花》变成评弹说书，却是典型的非遗传承，将来的非遗。

黄：倒真是活态传承，活生生的东西变成非遗的样子。内容是当下生活的，形式是非遗的，把新内容装到非遗的形式里去促成非遗的新生。

陈：不然评弹讲来讲去，原来的剧目怎么留下去？用蒋月泉的调唱了《林徽因》，唱了《徐志摩》，唱了《梁思成》，在中国台湾地区一炮而红。

黄：就像林奕华用音乐剧新编《红楼梦》，与我们以前印象中的不太一样，当然他不会离开大的主题，也是一种探索。

陈：所以，我觉得样式是重要的，样式所表达的内容可能更重要。

黄：因为内容有现代性。

陈：我们以前最简单的讲法，戏保人，人保戏。如果你把出色的一群人用在一个很精彩的剧目里，这个剧目的形态就能留存。比如京剧，今天讲尚长荣，离不开《曹操与杨修》，什么叫花脸的重生？可见一斑。新的流派诞生，道理也是一样的。新流派也是非遗。非遗不是那种永远吃裘盛戎的老本，永远唱那么几句。

黄：对上海来说，活态传承尤为重要。别的地方，江南某一个小城市，本来的文化记忆就只有那么两三个，当然要去保存，哪怕只是原汁原味地把它留下来，放在展览馆里，也没问题。但我们这个城市文化日新月异，内容千变万化。我们保存文化记忆，保护非遗，这个样式跟我们的现实生活没有关系，怎么可能？没有活生生的载体，对年轻的受众来说不太现实。

陈：是。年轻人一听非遗是活化石，他很容易把"活"字忘掉，认为就是化石，就是博物馆里的东西。

黄：对，最后会变成一个传说，没有了。城市文化对上海来说，这份历史的记忆不被激活，不被现在的内容所充实，就容易流失。另外还有两个小问题，我们刚才说到活态传承时已经涉及青年群体的问题。青年文化和青年的价值观包括消费观，是体现这个城市内在活力的重要载体，从您分管的领域来看，激活青年文化，吸引青年才俊，有什么具体的设想、建议和措施？因为上海其实也是老龄社会，我们还是不断地想办法吸引青年才俊，能谈谈文化人才吗？

陈：青年永远是代表未来，永远有创新的冲动，这种冲动是带给这座城市活力的最重要的元素。如果年轻人在这里没有灵感，没有冲动，不想创业，也不想学新东西，可能这个城市就没活力了。很多人拿深圳说事儿，深圳现在大部分劳动力都是年轻人。上海是一个吸引外来年轻人的非常重要的宝地，原来叫作冒险家乐园，我们应该把它变成梦想家乐园：想创业，到上海来；想实现艺术理想，到上海来！要有这种氛围，到上海可以逐梦，喜欢上海的理由千千万，其中最重要的是可以找到你需要的任何东西。你到上海来，说我要看外来的，没问题，看吧。有一个人告诉我，他曾经和他同学说：你家庭出身比我好，你原来的经济基础比我好，但我们学历是一样的，我一定要找一个和你平起平坐在星级宾馆喝咖啡的理由。这就是他来上海的动力。他现在成名了，是一个很知名的编剧。

黄：他是话剧中心的副总裁吧？

陈：他是演艺集团副总裁。他说：我是安徽农村来的，你是上海本土的，我们的起点很不一样。我小学中学都很卖力，我是农家子弟，我拼了命地要在上海留下来。上海真的把他留下来了，而且给他那么大的舞台，他每一部戏都拿出来演，最近一部《家客》也是他写的。

黄：《资本论》什么的也是他的吧？

陈：是《资本·论》。他写了很多。他说他将来要混出一个人样来，混出人样不是为了家乡父老，而是要混一个星级宾馆里和你平起平坐、请你喝咖啡的机会。这就叫梦想家乐园，上海可以是梦开始的地方，我们要继续创造这样的氛围。我自己也有一个梦想，刚才好像和你提过了，就是希望每一个在上海的大学生，大学四年里有一次享受高雅艺术的机会。

黄：我听您说起过。

陈：现在实现了。每年一次的国际艺术节也好，上海之春音乐节也好，电影节也好，全部到学校里发单，票价 30 元起。

黄：就是学生票，很划算。

陈：30 元一张票里学生出 10 元，市教委补贴 10 元，市委宣传部补贴 10 元。

黄：梦想成真，您肯定也付出了许多努力，做了不少协调工作。

陈：我们要想办法使青年大学生受益。现在文化广场也好，大剧院也好，都有 80 元的票，目的就是给年轻人看戏，老年人当然也可以看，但主要还是给年轻人创造机会，培养他们的剧场审美观念。类似这样的公益活动，低价优惠，高雅艺术进校园，我们一做就是 20 多年，循序渐进，逐步完善。进学校，费用学校出三分之一，主要提供舞台，剧团自己承担三分之一，教委和宣传部承担三分之一，学生就可以低价购票了。

黄：相当于一张公益票。

陈：摊完之后，高雅艺术就进校园了。为什么现在看戏的人黑头发多过白头发，就是因为在学校里看过了，熏陶过了，等他有条件在星级宾馆喝咖啡了，肯定有条件来看戏。这就是培养潜在的观众。上海设有美术专业的学校有12个，如上海戏剧学院、上海音乐学院、上海大学音乐学院、上海师范大学音乐学院、上海大学的美术馆、美术学院和电影学院等都在努力。这样一点一点地发展，机构和人才同在，再加上一批活跃在文化馆的群众文化带头人，这些人群共同作用，这个城市的文化氛围就比较好。我很欣赏著名指挥家洛林·马泽尔的一句话。有人问他，你作为一个曾指挥过全世界200个交响乐团的著名指挥，为什么要到上海来做公益音乐会？为什么会在大剧院给1 600名中学生做指挥？给10个小作者做指挥？马泽尔先生说，"将来20年，若干年后，这些人可能一个都成不了音乐家，但是我播撒了1 600颗爱乐的种子"。

黄：说得好，这个非常形象。

陈：典型嘛。1 600颗，我撒了种子，它们将来发芽，而且对音乐的爱好是终身的爱好，就是说我可能年轻的时候没时间，到年纪大了自然会去享受。现在国民素质的提高还有一个过程，目前还不能做到把文化消费当作阳光、空气、水一样不可或缺，还做不到像俄罗斯人那样即使家徒四壁，照样省下面包钱，一个月听一次交响乐，看一次芭蕾舞。可能我们现在的文化消费一旦面临经济下行就会被先行删减，可能我们的国民素质没到这一步。所以我们才需要慢慢地创造环境和条件，叠加年轻人对于文艺的爱好。

像手机的碎片化阅读，很多人看到它恶的方面，手机诱导下的碎片化浅阅读是对阅读的破坏，但是我看到它善的方面，本来纸质阅读很好，有书香，但是难道手机阅读不是一次人类大跨越的进步吗？读的人多了，开始有很多人读了，再没文化的人也要下载两个网络小说看看，至少他扩大了阅读面，传播的量大了，海量的阅读有可能了。所以我觉得，对年轻人来说，要培养他向上的、向善的、深度的阅读习惯，包括文学型的、历史型的题材的阅读。全民阅读的意义就在这里。我们每年办书展，也是为了培养读者，就像看戏一样培养观众。在这个书香中寻找自我，他长大后才有人文素养和综合判断能力。我很高兴在书展里看到很多年轻人的面孔，他们在找自己喜欢的书，这很重要。

黄：吸引青年人的事情我可以打一个比方，其实你在造一个林子，造一个文化之林，通过学校，通过阅读，通过各种各样的方式来营造这样一个热爱文化的氛围。任何一种样式在上海都可以找到，你可以做各种不同的选择，精神生活的多样性，在上海可以得到满足。这就是魅力。

陈：你看这两天上海车展热闹的，逛展的也不都是当下就能买得起好车的人，看看车子总可以吧，这也是我喜欢上海的理由。你不用跑到苏黎世看车，我在上海也可以看到。

黄：不一定要花钱买。

陈：我培养审美也可以嘛。

黄：眼界就有了。

陈：我培养我对车的了解，我们女性可能对车不大了解，男人非常喜欢，底座怎么做，驱动什么功能，等等，他很喜欢，这就是汽车文化。汽车工业依靠汽车文化。

黄：大量的展示也是一个很重要的交流，还是蛮好的。最后，想跟您探讨一下海派文化。您出访过很多国家、很多城市？

陈：东京、巴黎、纽约、伦敦、斯德哥尔摩、赫尔辛基，等等。

黄：还有科技创新问题。

陈：全球科技创新城市，口气不小。我总感觉从城市文化来讲，既不能妄自尊大也不能妄自菲薄，既不能自信心爆棚也不能自信心不足，你说是不是？

黄：还是要有一个平和的理性的态度。

陈：我觉得在文化定位上面来说，海派文化就很准确。习近平总书记曾经在上海工作时说过，这是先进文化的策源地，海派文化的诞生地。重要的是，我们自己要对自己有一个正确的定位，我们不能像阿Q一样说历史上我们家很有钱，我祖上很有钱，现在很潦倒，将来怎么办？我们也不能妄自尊大，说我现在已经全球卓越了，我已经是世界级了，不要自信心爆棚，也不要自信心不足。我们要比较平和地看待自我，我们依然要保持海派文化的特质。它就是一个容器，应该把全世界最优质的水都吸引过来，即使有污泥浊水过来也不怕，在此经过沉淀涤荡，照样清水悠悠。因此，海派文化也可以说是一种水文化，至刚至柔。

黄：这个定位我很认同。

陈：它必须是海纳百川的。不管是内陆文化还是外来文化，在上海，千丝万缕汇成海派文化，包容性、开放性、先进性都在其中，都有体现。抵制腐朽文化或者落后文化，弘扬先进文化，去伪存真，当然要不断集成创新。把这个海派定位的坐标体系找准了，就不会太妄自尊大。《甄嬛传》属于很典型的网络文艺，流潋紫写的时候，一个好女子变成一个恶女子，到了编剧李莉手里边，好女子一以贯之，遣散了后宫。流潋紫笑说想不通，你们怎么会把甄嬛变成了一个一以贯之的好女人呢？

黄：您说的是什么剧？

陈：越剧。李莉是编剧，也是越剧院院长。

黄：她把《甄嬛传》变成越剧，好女人还是好女人。有意思。

陈：甄嬛把后宫解散了，皇帝死了，让大家回家。华妃对她那么不好，越剧《甄嬛传》把华妃也宽恕了。从网络剧走向越剧作者本身没想到。从 1942 年到 1948 年袁雪芬的越剧改革，一直到今天李莉的越剧内容创新，一路走来不容易。因为越剧观众有时候很固执，怎么可以改呢？但是就这么改过来了。这就是很典型的海纳百川的案例。音乐剧的本土化也是上海做得好。比如中文版《妈妈咪呀》《猫》，北上广深卖得出票的只有上海。为什么？上海的观众被培养出来了，一个新的音乐剧开票，大家趋之若鹜，去买票。

黄：好东西，都要去看一看，新东西都要试一下，不然就 out。这个城市确实有这样的文化传统，包括培养观众的种种努力，在这个时候能看出成效来。这一特质能保留好就可以了，不是非要对标伦敦、对标纽约不可。因为上海和它们在很多地方底蕴不一样。把海派文化做好、做足、做实就好。是不是这样？

陈：你有的我也有，我有的你未必有。

黄：因为我已经融合了很多因素并产生新的特质。

陈：上海建立了网络文学学会，落地生根，开花结果，令人期待。现在 IP 大战，大家打得一塌糊涂，也是在上海，它可以转化为电视剧和电影。《盗墓笔记》，电影卖得很好，舞台剧也卖得很好。

黄：好像文化广场演过。

陈：还有《三体》。

黄：刘慈欣的那个科幻小说，编了话剧还是什么？

陈：话剧，在文化广场演了。

黄：说明上海对别的文化样式的转换能力还是很强的。

陈：最传统的，当时路遥写的《人生》，在上海发表，电视剧《平凡的世界》也是由上海拍的。为什么，那可是黄土高坡啊。很洋气的地方怎么弄这个东西？

黄：但是我们做得有模有样。

陈：莫言的17本小说都是在上海出版的，《蛙》跟上海有什么关系？《丰乳肥臀》跟上海有什么关系？陕西为什么没有出版？山东为什么没有出版？北京也没有出版？说明上海的编辑眼光很独特。屠呦呦的青蒿素变成针剂，谁做的，上海做的。

黄：莫言的作品系列（上海文艺出版社）我都有。

陈：你要说创新，这就叫作创新，别人都没想到，为什么你想到了，你有的，我也有，你演越剧，我也演越剧，但是我有的你未必有。上海追求的是这样的海派。

黄：我中有你，但我不全是你。

陈：黑格尔说的"这一个"，就是指特殊性，是独一无二、不可替代的。所以我们不要简单地类比巴黎、类比纽约的百老汇和伦敦西区。不要着急，这些城市剧场一般都扎堆的，上海在中华人民共和国成立前也是扎堆的。我们最早的新舞台是1908年做的，跟百老汇同步，不用自卑，你有我也有。但今天除了人民广场和浦东花木地区的"双心"之外，沿江、沿河、中环各有分布的实际需要，不能完全照搬"扎堆"的历史经验。

黄：我记得上海保利大剧院也在郊区。

陈：在嘉定，一点点在做。多层辐射是对的，扎堆也是对的。你把一个东方艺术中心放在浦东五年，当时周边什么也没有，拿着菜包子去听柏林爱乐，奇怪吧？连个便利店都找不见。但做到今天，内外文化生态已全然改变。文化需要养成。关键还是要做，要脚踏实地去探索。有不足有缺陷不怕，重要的是不断努力，吐故纳新。你想，1895年卢米埃尔兄弟在法国刚刚发明电影，我们第二年就放电影了，很快。现在百老汇音乐剧跟上海联动很多，他们演了十几年的戏我们在这里最多是三个月一百场。2017年一下子八部音乐剧进文化广场，历史上都是没有的。

黄：是我们自己做吗？

陈：引进的。

黄：那几乎是同步了。

陈：几乎同步。我们自己还做了音乐剧论坛，已经做了六年。

黄：我参加过三次。

陈：就是在培养音乐剧观众和吸引业内人士上下功夫。

黄：国际上好多大咖都来了，文化广场的管理团队非常年轻，论坛每次做完都有汇总。

陈：你看今天的努力是不是为将来的城市文化发展做准备？

黄：像这样的定位我也比较赞成，老去跟人家比较，说明你信心还不足，老是拿人家的这些标准来衡量自己总不太对头。而真正的文化自信建立在强大的自我意识之上。自我意识强大了，你才会很笃定坦然，才会以好的心态不断学习别人的东西。好比插花艺术，每一枝花都有它的特质，这个花是从别的地方拿来的，我在这里组合成了一个新的样态，当然我要把土搞好，不能插进去就死掉了，但是这个东西也许不完全是我这里生产出来的，不要紧，我把它组合转化创造成一个新的样式。你说海纳百川也好，包容开放也好，其实最后肯定要形成一个新的特质，这个特质我们可以叫作海派。靠江靠海的地方，周流无滞，灵动包容，足以面对未来。您强调了对海派的自信。

陈：很多人说外来人这么多，上海文化是不是就没有了，既不会说上海话，也听不懂上海话，是不是以语言为载体的上海文化就灭绝了？有一次我去讲课，人家提这样的问题，我们要用什么心态对待这个事情？还有外来人群怎么融入上海本土文化？最简单的一句话，我说你们看到了问题的所在，包括我自己的女儿说上海话也不标准。最好笑的是，我请了一个上海阿姨，目的是在生活中教女儿上海话，结果阿姨的普通话水平提高了，女儿的上海话水平倒没啥大变化。你看，阿姨被同化了。但是我一点也不担心，因为我女儿上海话都能听懂，在这个环境里的濡染，在这个地方的沉浸有一个过程。看到问题的所在，也要为上海本土文化建设尽最大的努力，但是不用过于担忧。这方水土是养这方人的，虽然在这个时候水土有点流失或者有点破坏，但是它的根是生长在这个土壤里的。你插花的比喻不完全对。实际情况是外来物种在这里滋养生根，插过来变成一个盆景，又可以在这里开花结果。外来文明也好，全国各地带来的生活习惯也好，包括饮食文化，北京烤鸭到上海铁定变成上海烤鸭。因为饼比北京薄，酱比北京甜，葱比北京细，鸭子比北京瘦，只能是上海烤鸭。所以不要着急，不必过于担忧，上海文化是面向未来的，一定是吸收外来而不忘本来的。上海本土的东西要有，外来的文明也要有。面向未来一定是汇聚全世界最好的东西，再跟自己本土最好的东西结合起来，变成一种新的文明。

黄：以我为主，为我所用。

陈：对。所以为什么百老汇、伦敦西区节目拿过来要做中文版，这是一个学习的内化过程，以后我知道音乐旋律这样做才叫音乐剧。德奥系的音乐剧是唱跳分开的，英美系的音乐剧是唱跳合一的。看到我们自己的短板，想办法补偿，用别人的形式有何不可？情感、故事演绎的方式依然可以是中国的。

黄：是。这次先谈到这里，谢谢。下次再约。

01 与著名画家、教授 陈佩秋先生 参观一大会址

日前,《由小见大——陈佩秋小件作品展》在镇宁路新落成的一家展馆开幕。陈先生的小件作品画如其名,花儿鲜鸟儿灵。越欣赏越觉得尺寸小、格局大;墨中有五彩,笔下见乾坤。因此,去年北京的经合组织峰会请柬和灯笼画都出自这位女先生。先生的艺术造诣极高,鉴定字画真伪从不捣浆糊。以94岁高龄还在深入研究宋代画风,严谨治学。她说:不能误人子弟,贻笑大方。先生是传承优秀传统文化的大家,不仅关心指点美术新人,还爱屋及乌地喜爱和培养京剧青年演员和演奏员。许多来自内地的青年人都受惠于她,既有生活费的资助,还有他们演出时的票房。好几次在家中不期而遇受资助的孩子们,才陆续得知她一贯低调不张扬。在2014年第六届文学艺术奖的评选中,德艺双馨的先生名至实归地获得了终身成就奖。她不仅仅是谢稚柳先生的夫人,更是一位值得钦佩的海派书画的代表性人物。(陈东)

02　2013年上海之春音乐节

03　2007年参加中国话剧论坛,与李默然(左)

04　与音乐学家、翻译家薛范(左下)

05　2013年春节前于华东医院看望翻译家草婴

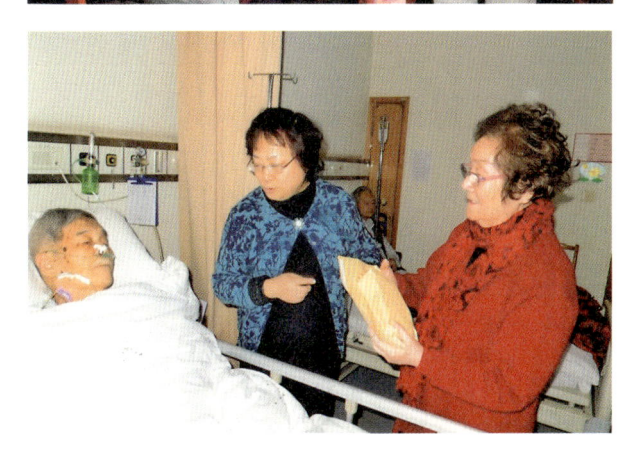

图版

03

04

05

06 与电影事业家汪洋（左）

07 与电影表演艺术家仲星火（中）

08　2014年于华东医院探望电影家黄宗英（左）

09　与电影表演艺术家田华（左）

10　黄豆豆（左一）新书发布会

11　虞姬内心为项羽担忧，也着实不愿看到忠臣劝谏受辱，便又一次劝谏，虞姬这一劝，竟几乎把项羽点醒。

12　项羽，虞姬入帐。项羽一声叹息，让虞姬感到战况不容乐观。果不其然，垓下战败，天亡西楚，项羽悔恨不已。

图版 《 058
059

11

12

13

14

图版

15

13 闻听项羽回营,虞姬急忙出帐迎接。项羽、虞姬相会,两人一怔,此时无声胜有声。美人美景,却历尽战火,项羽心生怜惜。

14 虞姬内心在流泪,但她不能让项羽看出自己的悲伤,毕竟,告别应以最美的方式。

15 项羽急扶虞姬,但斯人已去,无可奈何。项羽悲痛欲绝。

16

17

16　2015年刘奇葆上海京剧院调研，图为排练片场

17　与电影《梅兰芳》剧组

18　2006年到木偶剧团调研

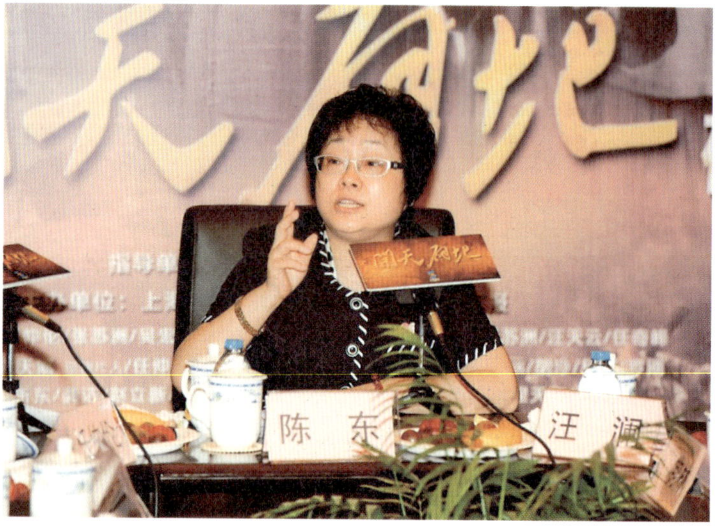

19

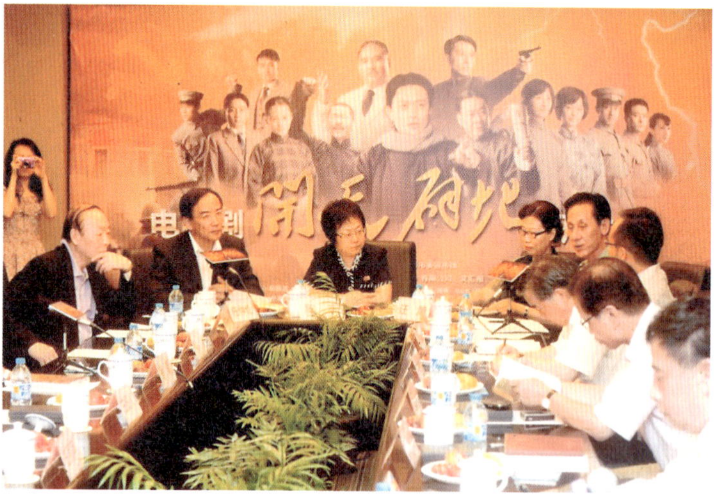

20

21

19 《开天辟地》发布会

20 2011年《开天辟地》研讨会

21 与《红旗颂》作曲家 吕其明（右一）

22 刘奇葆(左二)、徐麟(左一)来上海京剧院调研

23 布达佩斯非遗考察

24 参加2008年新年评弹演唱会

23

24

25　2016年评弹《林徽因》于兰心大戏院上演

26　2014年探班电视剧《平凡的世界》片场（右一为导演毛卫宁）

对谈之二
据于德　游于艺

一

时间：2017年6月8日（星期四）
　　　10:00—12:00

地点：黄浦区湖滨道150号
　　　言几又书店

黄：上一次我们花了整整半天时间讨论上海城市文化，印象最深的是您对海派无派的理解和阐发。内容相对宏观，这次我们主要讨论德性和艺术的关系问题。涉及的内容比较复杂，但总离不开艺术和艺术家。孔子在《论语》里有言"志于道，据于德，依于仁，游于艺"，要求立志于道，慎执操守，仁厚为人，心无旁骛，游于各种技艺之中。这是一种标准、修养和追求，我这里姑且借用来说明文化艺术的评价标准。首先我们是不是可以聊聊艺术追求与德性修养的关系？德是不是会束缚艺术自由的发挥？

陈：我觉得你这个问题用另一个说法来表达其实就是德艺双馨。从古到今流传下来不是很随意。千百年传承下来的艺术和艺术家，总有一些规律性的东西可循。德和艺只顾一头，仅仅追求艺术至上，不顾一定的规范和道德水准，流芳百世是不可能的，也许还会遗臭万年。我们还是举个例子来说比较具体。比如梅兰芳，他就是德艺双馨的，今天的尚长荣也是。梅兰芳可能久远一点，我们就说尚长荣好了，看得见。他可以说是新中国京剧流派代表的第一人了。他是尚家的后代，没有唱过文旦，他是花脸，铜锤花脸和架子花脸他都行，既有铜锤花脸的共鸣共振，又有架子花脸的音色和劲头，很善于用音色和音量对比来表达人物的感情。从艺术的角度来说非常厉害，开创了花脸铜锤架子两门抱的不同于裘盛戎的独特风格。所谓"十净九裘"，即十个唱花脸的，就有九个是师从裘盛戎的。他不是裘派的花脸，但大家都认同他。他具备了一个独特流派必备的三要素：一是有代表作，从《曹操与杨修》开始到《廉吏于成龙》；二是有传人，他的徒弟遍布全国；三是有自己的声腔特色和表演风格。流派三要素都全了，从艺的角度来看，他首屈一指，当仁不让。那么从德的角度来看呢？他也是代表，他家在北京，后来到陕西京剧院，又从陕西京剧院抱着《曹操与杨修》的本子来到上海，和上海京剧院同行一起做。不论待人处事还是作为两届中国戏剧家协会主席，他都非常谦和；无论是同辈还是徒弟，他都没有架子，一直参加公益性演出，不管是自己居住的小区，还是外滩广场、黄浦公园，他都不计分文。那时正好我在黄浦区工作，群众性京剧比赛、小区文艺联欢会，只要需要，他都支持。他对学生就要求德艺双馨。如果品德上有瑕疵，他坚决不收。他对自己要求很高，对徒弟要求也高。他参与创作三部新戏《曹操与杨修》《贞观盛世》《廉吏于成龙》，既有现代生活的元素，也不丢传统的东西，在流派和

对谈之二　据于德　游于艺

27

28

27　与京剧表演艺术家尚长荣（左）

28　2008年6月与《廉吏于成龙》创作团队（前排右二为导演郑大圣，左二为尚长荣）

品性上有很高的标准。总之,应该说其是艺术与德性的关系处理非常好的艺术家。

黄:这个例子很能说明问题,那也是老一代艺术家的风范。我还想讨论的是另一种情况,德性就个人来说是修养,面向社会,实际上是一种规范。作为修养和规范,会不会把艺术家的个性束缚住,原本肆意张扬的、超越世俗的东西因为讲究道德反而被压抑了?

陈:这在一定程度上也有可能。比如国外的波普艺术、街头涂鸦。在美术领域尤其如此。我有我的情绪表达,我有我的狂放不羁,我有我的抱负。所谓的德,实际上就是在不损害他人情况下的个人创造。这是有底线的。如果你是在自己家里,可以自由自在,别人不会介入。公共艺术就不行了,这会影响他人的标准。艺术不能随意侵犯公共领域的视觉和认知。脱衣舞总不能直接上街去跳吧,须有具体范围和场地约束。所以我觉得艺术自由还是相对的,要有约束和基本的法律规范。在不违反底线的前提下,可以激情四溢,可以灵感迸发。

黄:这里面比较核心的就是要看艺术为了谁。个性化的表达和公众艺术必须尊重公共道德。理论界一直在讨论艺术的主体性问题和社会功能。习近平总书记在很多次讲话中强调"一切以人民为中心"。以人民为中心与德性的要求您觉得是不是一回事?为人民、为时代而创作与为自我实现、纯粹追求形式的完美和"精神生殖"是不是一致?

陈:怎么说呢?我觉得处理得好,方向应该是一致的,因为艺术家就在人民之中,代表着大众的呼声。比如聂耳,他刚来上海的时候什么也不懂,也不识谱,就是乐感比较好。他看到报童,看到码头工人,看到修路,不满足于艺术只跟着白俄学。他觉得自己的艺术应该反映大众的呼声、人民的心声,反映十来岁"小毛头"的心声(当年的小毛头1990年后又找到了)。聂耳和报童一起卖报,体验了风里雨里的生活,然后就有了《卖报歌》,《国歌》的创作也是这样。当然有艺术先锋,在大部分人还没有感觉时他走在了前面,唤起民众的意识。美术或其他领域都有这类现象。即使如此,个人和大众也不是对立的。个人的表达、体验可能与大众不一致,尤其是心情压抑的时候,个人命运比较曲折的时候,愤怒出诗人,不平则鸣。这很正常,没有什么问题,也不一定要求都一致。

黄:那是不是可以认为有一个相对自我封闭的按艺术形式建构起来的世界?但并不是离开现实的另一个世界,因为艺术家要和现实共存?

陈：你说梵高为什么要割耳朵？和我们普通人肯定不一样。艺术家就是这样，过度敏感，你没有体验时他先体验了，你没有感觉时他先知先觉了，你不觉得痒，他已经开始挠痒痒。他们激昂、敏感，看到我们看不见的角落。"外面的世界很精彩，外面的世界很无奈"，说的就是这个意思。但这不影响总体方向上与大众的一致性。如果大众的表达和艺术家个人的表达正好一致，个人的创作找到了出口，情绪也得以宣泄，那是最幸运的。

黄：其实这是很高的境界。木心20世纪90年代给几个青年艺术家讲文学史，说过一段话，意思是艺术家都想要飞得更高，飞得最高，哪怕摔死，哪怕翅膀是蜡做的。充分说明了个性化的理想追求。正如您所说，如有幸与大众的愿望相一致，传播效果肯定是最好的。

下面我们来聊第二个话题。我看到中国台湾地区画家蒋勋在《艺术概论》中有一段令人印象深刻的话：终其一生不能失去美的信仰，在人性众多的挫折障碍中，在生命众多的困惑迷惘中，美使人有向往，有反思，有希望，有对伤痛的悲悯，也有对喜悦幸福的期待，但同时他又说艺术是"穷途末路"，是穷绝一生的寻找。艺术创作痛并快乐着，很多时候找不到出路，各种尝试统统失败，美也绝不是拿来玩玩的。我想请您谈谈上海在艺术创作、文化产品生产过程中，都设计或制定了哪些政策措施进行扶持？或者提供了怎样的环境和条件？

陈：艺术创作是个人生命体验和大众体验的结合，有成功，也有失败。比如百老汇，既有一面荣誉墙，也有一面耻辱墙。制作和演出一般也符合黄金律，也就是二八定律。10 部中有 2 部能够长演，另外 8 部可能颗粒无收。长演的也许能演 17 年，前面 3 年本就能收回来。我们无法要求所有作品 100% 成功。创作因此都需要有一个孵化的过程。上海有一个文化发展基金主要就是做孵化的工作，从 1986 年开始至今，成功率还是蛮高的，当然也有不少失败的。我这里用的概念是孵化而不是投资，投资追求回报，孵化则是扶持原创的政策措施。整整 31 年坚持，始终从原创出发，因为原创最难，而拷贝比较容易。我们有试错机制。比如上海的舞台剧很成功，如《霸王别姬》《天边红云》《朱鹮》等，当然也有不是很成功的，因素有很多，如创作题材的选择、舞段的论证、编导的选择等。电影创作也是，量很大，无数炮灰才能铸成一两部作品的成功。国产电影也是这么走过来的。今天的电影完全是工业化的，稍作留意就不难发现投资风险很大。有些莫名其妙大红大紫，有些则没有理由的血本无归。既有外来因素，也有内部原因。我们现在的电影制作精良，39、29 个工种都不在话下，美工、制景、烟火、化妆修复等也不难做到，4D、3D 等都没有问题，

29　2014年舞剧《朱鹮》首演（第二排左九为中国人民对外友好协会会长李小林，左六为男主演王佳俊，左十为女主演朱洁静）

对谈之二　据于德　游于艺

但总体来说，讲故事的能力不强。这方面就需要重点扶持，因为这是创作的源头，好的作品需要有好的文学脚本。通过源头扶持，通过好的机制和政策提升原创能力。文化发展基金会、"三品工程"的初衷就是扶持原创。从一开始初创，到全国性的认可，再变成优品，最终走向世界，成为精品。总之，需要一个允许和宽容失败的文化氛围和政策环境。

黄：除了上海文化发展基金会外，上海在文化产业政策上还有什么其他相应的措施？

陈：我们在 2014 年"全国电影工作会议"上发布的国务院出台的有关扶持电影产业发展的 12 条政策背景下，2014 年成立了一个 2 亿元的电影基金，提供从每一块屏幕、院线、电影制作一直到发行、奖励等全产业链的支持。2010 年上海还成立了文化创意产业推进领导小组，市、区两级政府对相应的产业予以支持。比如你在文化创意园区研究深潜实验室或 VR 或音乐剧小样，发展前景好，但开发阶段需要支持，文创资金就给予部分配套。可见，文化发展基金孵化原创，文创资金引领产业方向。政府有形的手和市场无形的手联合起来，是有效的组合。

黄：虽然我没有专门的调研，但看到一些资料上说这三项基金加起来每年的投入还是非常可观的一笔钱，后期应该要有评估吧？

陈：有监管。文化发展基金会资助的项目需要第三方审计。审计资助经费是否用于文艺创作。而文创资金主要采用的办法是监管，避免经费用于其他不良目的。本来申请 VR 的，结果做了别的产品，那肯定不行。从避免财政投入风险的角度或者反腐的角度，都不能是哪个领导干部大笔一挥就完事的。一般采取专家评审，三个基金都是如此。至少 5—6 个专家，共同判断项目的可行性，这样相对就比较公平、规范。原创处女作仁者见仁，智者见智，艺术评价标准也有差异。这种时候评审专家就来读本子，读下来觉得蛮有新意，就资助了，有时候 5 个人中有 3 个说 OK。已经成立的公司也可以申请，评审时首先要看前三年的业绩，考察下是否有进步。

黄：我还有一个小问题，我们都是讲政府财政的层面。政府的那块砖放上去了，有没有带动社会资金的加盟？

陈：从文创资金的角度来说，其实政府投入得少，申报项目的企业投得多。政府主要是起引导作用。比如一个实验室、一个园区，最主要的还是企业投资，政府的角色是添砖加瓦，有些项目是锦上添花，有些则是雪中送炭。文化毕竟是在强大经济基础上出现的需求。只有在整个经济相对富裕、政治生态相对宽松、文化艺术产品相对丰富的环境和条件下，人民大众才有可能和机会去剧院看戏，去咖啡馆阅读，去舞场跳舞。有钱有闲，文化复兴的时代才会到来。

但不能忘记，资本都是追求利益的，不是白白给文化行业送钱来的。政府资金是导向性的。很多企业申请文创资金也不是完全在乎钱，而是需要一个象征和标记，对推广项目产生良好的社会效应。

黄：近几天（2017年5月13日）我看到上海的人文频道播出了一个专题片，主题好像是"人文之城"，主要介绍上海剧院改革和发展的情况，马戏城、交响乐团、昆曲团都在其中，这一块也许是您在担任市委宣传部分管文艺的副部长期间最熟悉也花费精力最多的地方。剧院管理制度的改革和人才培养受到业内人士的充分关注。几年前上海就提倡了"一团一策"，我想就这个话题和您聊一聊。

陈：这个话题涉及面非常广。涉及剧院、剧团和艺术家。一是剧院、剧团运营模式多样，一种是"厅团合一"的模式，如美国林肯艺术中心、肯尼迪艺术中心、芝加哥交响乐团、欧洲德沃夏克音乐厅、马林斯基剧院、英国皇家大剧院等基本是这种模式。另一种是"艺术家＋团＋厅"的模式。慕尼黑交响乐团和剧场就不在一起，是单独的乐团，艺术家可以是独立艺术家，也可以是自由职业者，可以全世界飞。既然是自由的指挥，几百个交响乐团都可以去。"艺术家＋团＋厅"，构成了一个命运共同体。维也纳金色大厅既可以租场，纯粹租场，即卖场地；也可以合办，还有一种方式是自己组织演出。国家大剧院就能自制歌剧。上海文化广场自己制作《极致百老汇》演出。可见，自制、合作、租场三种选择都是可以的。剧团也可以附属于剧场，选取剧场最好的时段。比如上海交响乐团就首先满足上海交响乐团音乐厅的演出要求，然后再考虑别的。与世界上通行的这些选择相比，上海更加多元多样。嘉定保利集团，走的是保利院线模式，城市剧院走的是承包经营模式，它其实是"赤膊"，直接包掉，各种各样的剧团来演都可以。在上海文化体制改革过程中不可能只有厅团模式。1908 年，旧上海人民广场周边曾经有 9 个剧场，后来发展到 17 个、21 个，现在又变成了 7 个。剧场艺术的水准在 1908 年时就能与纽约同步。所谓剧场第四幕墙早就已经做得到，舞台技术不是问题。关键还是剧院的运营和管理。剧院很烧钱，不演出一天的开销差不多要 10 来万元，暖气、空调、人员，等等。但是一个城市没有剧院就没有文化，也就没有了精神象征。"剧院其实是城市的第二教堂"，一个戏剧导演如是说。

黄：虽不是牧师布道，却春风化雨。

陈：中华传统美德的养成教育很多就来自剧院的各种戏剧。庙堂之高，江湖之远，传统戏剧的贡献功不可没。

黄：中国社会不绝如缕地存在教堂的世俗性和功利化，贿赂菩萨、寺庙经济，等等。剧院充当了文化教育的场所。

陈：剧院是世界观、人生观、价值观传递的好形式。比如京剧《锁麟囊》，富家千金把"锁麟囊"送给落魄小姐，落魄小姐很珍惜，把它供在庙堂，后来落魄小姐又救了富家千金。这是京剧的典型代表作。《杜十娘》《长生殿》，不仅表达了对爱情的向往、挣扎，人间真善美假恶丑等通过演剧的方式可以向观众进行形象传递。所以我们说剧院是很神圣的，不至于焚香沐浴，至少也要衣冠整洁。心灵的抚慰、净化和提升有赖于剧院的存在。但目前我们在剧场的管理上还处于初级阶段，仅用一种模式确实也不经济。一个剧团"绑定"一个剧场固然好，但剧场就可能吃不饱，剧团也吃不好，两败俱伤，资源浪费。

黄：上海的"一团一策"其实是强调多样化和多层次的运营方式吧？

陈：回到"一团一策"问题上来。市级现有18个剧团，有交响、芭蕾、话剧、民乐、歌舞、杂技、滑稽戏等多个品种。每个都有自己独特的发展规律，儿童剧和话剧观众定位和演出方式就很不一样。芭蕾和民族叙事方式也不一样。杂技、芭蕾、歌舞类也许有一个内容是共同的，那就是都吃青春饭。而戏剧就越老越值钱。全部混杂在一起制定运行和发展措施肯定行不通。对杂技、芭蕾、歌舞青春等需要制定更加有弹性的政策。黄豆豆在最光华的岁月演潘冬子、秦俑和鼓戏，但青春流逝后如何继续鼓励？需要转型，或做教师，或改行做编导，或做艺术管理？今天晚上我就要去看《天边红云》，有时候真的很感慨，看着这些舞蹈演员一路走来，先开始跳群舞，后来跳独舞。现在的国家一级舞蹈演员朱洁静9岁时还怯生生的，跳野斑马时还不太自信。现在你看，光芒四射，收放自如，成为上海十佳青年。而现在又一茬的小朱洁静也起来了，青春更替很快。你不能叫汪齐风、杨新华去跳，也不能叫石钟琴、凌桂明跳，现在应该是第七代、第八代"白毛女"和"大春"了。对青春性的艺术要提供弹性的政策，也要综合考虑发挥前辈演员的作用。一代代青年人要铭记前辈的奉献。

杂技也是如此。杂技某种程度上比舞蹈的生命周期更短，年龄渐长，柔软度肯定有问题。不做杂技演员了，他们上哪儿去？舞蹈演员后面可以上大专，读本科、研究生，杂技又没有后续的培训学校，学杂技的人很少，太苦了。艺术生命很短暂，那就需要设计好年龄段给他转岗，如安排有的去后台，有的去当辅导老师。给他伤病补贴，给他买保险，然后让他转到其他行业，从事其他职业。当管理者的毕竟是少数，大部分还是去找普通工种，甚至是超市营业员和安保。这种情况很多，你不可能要求它同戏曲类院团一样的政策。只有一团一策，才能各得其所，职称评定也是这样。歌舞团可以有团内首席，这属于地方粮票。国家粮票也有的，如能够跳到首席，像朱洁静这样闪闪发光的，就属国家一级。但是在一个团里我可能奋斗不到国家一级，但是我有群舞领舞资质，即有艺衔。我是真的有看到，一个国外的芭蕾舞团在上海的舞台上宣布一位演员是"首席"时，他当场跪下，泪流满面。当时的上海市委副书记殷一璀也在，她说：陈东，这个事情明天要见报。"首席"就是对职业生涯的最大肯定。在上海终于实现了一个舞蹈演员的最大梦想，激动不已，跪在舞台上，号啕大哭。特殊的艺术门类需要特殊的政策。

艺术生命周期相对较长的艺术，也需要有一个政策提供。比如戏剧类，一茬一茬的老艺术家，学的戏越多，越能成为传承的师傅，在他还可以登台的时候你就把他拉下来，在他还有带教可能性的时候你也将他拉下来，这是不对的，是资源浪费。而如果他占位时间很长，底下的青年一代又上不来。所以这是一个很矛盾的问题。对于戏曲院团来说也要一团一策，因为它的职称评定需要有适合这个行当的方法。根本的一条就是各尽所能，青年艺术家能够健康成长，老艺术家能够发挥作用。所以对于戏曲院团来说这也是它的特殊情况。焦晃可以退休，但还可以提供舞台，他还可以演，像吕梁、奚美娟等，他们在舞台上还是正当年的感觉。

黄：陈部长，说到这里，正好过渡到下一个问题，有关老艺术家的。因担任第九届上海市党代会代表的关系，我有缘和谷好好相识，她对当年老艺术家的传帮带给予了高度评价，现在她做昆曲团团长，相信一定会继续做好这方面的工作。我想请您谈谈艺术家之间老、中、青代际传承的方法和途径。您在实际的管理工作中一定结识了不少德艺双馨的艺术大家，请您聊聊印象最深的两到三位，比如谢晋导演，或者是否可以从谢导开始？

陈：谢导的情况后面会谈到。这个确实很重要，因为要防止代际断裂。以评弹为例，当时跟高博文同班级的一共11位，"文化大革命"之后，就余下他一人，因为其他人都觉得评弹没有希望了。而只有他坚持到最后，也终究成功了。他的两个同学后来又回来了。高博文1970年出生，现在也40多岁了。还记得昆曲昆大班吧，当时在周恩来总理的支持下一出戏救活了一个剧种。昆曲从清朝最鼎盛的"雅部"一步步走下来，到清末已经衰落。1949年以后，昆曲基本流落街头。全中国的昆曲到那时600年气数将尽。此时，重拾昆曲《十五贯》，重拾之后成立昆大班，当时戏曲学校昆大班的11个学生现在都在上海。昆二班现在只剩一个了，就是张静娴老师（闺门旦）。然后就是谷好好他们。你看这个代际之间的距离有多大，父辈突然连到孙子辈。如蔡振仁，突然下来就是张军、黎安他们一辈，这就是断层。昆二班完全断掉，文化大革命时期停掉。此后才逐步恢复。昆曲的老中青就是拉得这么大。京剧的情况稍好一些，文化大革命时期还有京剧在。其他艺术门类或多或少都存在老艺术家和青年艺术家之间的断层。现在我们在努力地弥补这一点。首先是通过戏剧学院的戏曲学校，京、昆、沪、越、淮，包括评弹都在办班。然后在昆剧团前几年又搞了一个学馆制。纯粹从学校出来到剧团可能有点问题，就像产学研要一体化一样，没有黏度，而且在学校里可能学了一两出戏，到了院团里完全用不上。当然学校里的很多老师也是院团去的，比如马莉莉也一直是去上课的，但教学与真正的上台还是很不一样的。正如周信芳所说，要在台上摔3 000次，演上万场。就是因为舞台实践与底下学习是不一样的。怎么可以带着ipad直接上台呢？恢复学馆制正是这一原因。原来沪剧院、评弹团、滑稽戏都是有学馆制的。现在先从昆剧团开始，原来学校教的，现在要演，就由昆团演员一对一进行个性化示范。在团里重新拜师学艺，掰开揉碎，一出戏一出戏地教。很好笑的是本来他们看着录像带学，你知道吗，录像带是反的，像镜子一样，然后再倒过来。这就完全反过来了。学馆提供可以上台的实践性教学，肯定好过学校里纯粹在教室里教。所谓师承，主要还是要进了团之后的教，弥补学校教学的不足。我们在这件事情上是尽了一点力的，包括影视剧这块。他们也有很多类似的培训，包括影视剧的39个工种。点对点的实践性教学也

30 2008年参加上海音乐学院"昆曲与钢琴"对话活动,右二为昆曲艺术家张军

比原先多了很多。当然我们现在比较担忧的是,也许是我杞人忧天,使的劲应该更大一点,不然我们的路会走不快。需要更快的普及学馆,要有更好的机制使有心得的大导演参与实践教学。当然现在上海大学的电影学院,包括民营的艺术学院、戏剧学院和音乐学院也在做,但是我觉得在产学研一体的过程中还是有点问题的。比如说你在音乐学院可以教独唱、独奏,教得很好,但是你到院团来的时候没有那么多首席给你当,只能选择参加合奏,融进这个院团。但怎么融进去,怎么进和出,这方面就会有交叉。杨立青在做院长的时候曾经倡议学校里建立青年师生交响乐团,就是为了提供合奏的机会,使大家都能融进这个集体。

黄:代际传承的重要性和院团区别于学校的教学相长您讲得很清楚。这里我还想和您探讨两个现象,一个是老艺术家成就卓著,标杆太高,做的是绝活。年轻人望尘莫及,追攀不上,高山仰止;另一个是年轻一代通过自己的探索和创新,反而对老一辈开启的艺术样式产生反哺作用,促进其更好的发展。上海是否存在这样两种现象?

陈:当然有。音乐领域里比如钢琴演奏有孙颖迪,大家可能比较熟悉郎朗、李云迪,但上海的孙颖迪也很不错啊,他是李斯特钢琴比赛华人第一名。2005年就很有名了。在钢琴教学上也一样，在得到国际认可后，孙颖迪现在在音乐学院教钢琴。他没有像演奏家一样全世界乱飞，他就在这里。又比如王健，马友友下来就是他了。他也在上海，落户在长宁的一个乐团机构里，同时也在音乐学院教大师班。有很多成名了的青年艺术家愿意做老师，这就是一种反哺。再比如周小燕，她后来不唱歌了，就教学；沈洋，2007年国际最高声乐比赛之一的英国"BBC卡迪夫世界歌唱家大赛"金奖得主，也愿意回国开大师班，把自己的心得教给学弟学妹。此外还有小提琴家黄蒙拉、王之炅。

黄：这个现象很有意思，说明传承不是非得从80岁开始，40多岁，甚至更加年轻，也可以很好地传承技艺。我不再需要在全世界游走，继续攒名声，就在这里，在母校，这里就有玫瑰园。

陈：对，这样一直坚持做，也许哪天，新的莫扎特就出来了，新的马丽安娜就出来了。我觉得现在的中青年艺术家一是比较平和，不急着想挣钱。你大活动请我，我参加，但我不是为了急着挣钱。二是尽义务教学。我天天练琴，不荒疏技艺的同时我还愿意尽义务去教学，真是个好现象。黄豆豆也好，朱洁静也好，他们都希望把学弟学妹带出来。都是对艺术有追求有向往，希望达到一定的高度的人。

黄：其实年轻一代这个现象很可贵。

陈：因此中青代很重要。2012 年后重启文学奖，12 位杰出贡献奖正是要解决传帮带的问题。无论是廖昌永教唱歌，还是黄豆豆教舞蹈，抑或是辛丽丽、陈飞华教训练方法。他们有公共课堂，有社会教育，有对新入团的团员的培训，每天都在练功，韩正书记也去看过，汗嗒嗒滴（汗流浃背）。一天不练，自己知道；三天不练，师傅知道；十天不练，观众们全知道。韩正曾说：看过在练功房里拼命的演员们，就知道舞蹈不仅是玩技巧的，更是体力活啊！

黄：天长日久，磨炼出来的功夫。

陈：把所有的团队带起来，不断地吸收新鲜血液。

黄：保持蓬勃生机和活力。下面还有几个问题我们连着一起来说。前面您介绍的是尚长荣还是别的什么人？

陈：尚长荣。

黄：上海有不少德艺双馨的艺术家。德和艺两个方面兼顾得比较好，其实是一个地方文化艺术的精神和人格的象征。在您这么多年的接触中，除了尚老师能不能再给我们介绍一到两位类似的人物，他们在艺术上有自己的高点，在道德上也可圈可点，所谓学高为师，身正为范。可亲可敬可学的那种。

陈：我比较熟悉的有三位，谢晋、袁雪芬、周小燕。你看选择哪一位。

黄：那就谈谈谢晋吧。

陈：我认识谢晋导演的时间比较长，那时候我在市委统战部工作，要和中国台湾地区导演接触，记得当时成立了一个海外联谊会文化体育委员会。谢晋是主任，我是主任秘书。一共做了5年，后来他工作太忙就没再继续。他的《芙蓉镇》《最后的贵族》《鸦片战争》首映礼都是我帮着组织的。

黄：缘分很深啊。

陈：包括像《最后的贵族》，要教主要演员濮存昕、潘虹等跳交谊舞。谢导就会打个电话给我，说：陈东，你去帮我找全上海最懂交谊舞的老人（老克勒）。我突然就想到黄埔军校。找了黄埔军校同学会的老军人，他们身板很挺的。那个老爷子叫黄崇武，他是国标舞的秘书长。我就把他请过来，在新苑度假

31 与歌唱家、声乐教育家周小燕（左）
32 与李安（左三）、谢晋（右二）、秦怡（右三）等（2007）

村封闭式训练一个星期。谢导对艺术非常执着，容不得半点瑕疵。在艺术追求上属于绝对的完美主义者，而且他能点石成金。濮存昕、刘晓庆、陈冲等到他片子里做主演的，后来都大红大紫。那时候没有叫"晋女郎"，后来不是有"谋女郎"嘛。他就能慧眼识金，就像张闽平常坐在那里抽烟毫无光彩，可是一到谢晋的电影里马上就变了一个人。谢导能够看到一个人成为艺术家的潜质，非常准。因为这个海外联谊会的缘故，我就对谢晋比较了解。他个人其实是蛮坎坷的，几个孩子身体都不好，一个女儿，两个儿子，都有精神类疾病。唯一好的是大儿子谢彦，跟着他一起学导演，拍过《女儿红》等电影，在美国留学，但是得肝硬化去世了。儿子走了3个月后谢晋也走了。谢晋对艺术可以说是忠贞不渝。一直到2006年我们一起去开文代会，甚至到2008年10月18日去世那一周的10月12日，他还来找我，说他想拍《石头说话》，想拍《拉贝日记》，他一辈子做梦都想拍电影。他跟我说他在构思《大人家》，这个构思源自一本书。讲的是上海滩上一个给毛主席唱京戏，一个给蒋介石唱京戏的金家两姐妹，金淑琴和金淑雯的故事。他给我看《大人家》那本书，看完和我讨论，希望把这个电影做得好一点。要我推荐又懂京戏又懂电影的编剧。

黄：这个太难了，懂电影又懂京剧的导演就很少，更别说编剧了。

陈：我们一起讨论了两个小时。这时候其实他的耳朵已经不行了，借助助听器我们谈得很深入。他还很喜欢拍抗日战争题材的作品。比如《石头说话》，讲的是一个乡村里的孩子，他一直不说话。主要原因是看见了日军的残暴，受到强烈的精神刺激。后来他参加革命，最后会说话了。讲的是这样一个故事，少儿抗日。80多岁高龄，还想拍电影，走在创作第一线，真的很感动我。一个老人，一生拍了38部作品，包括一直到汶川大地震后一部三分钟的励志短篇《小草》，就是石头缝里、废墟里还有草长出来。今天也可以叫微电影。一辈子都献给了电影艺术，从来不说自己的伤痛。

黄：都埋在了心里。

陈：孩子有病，现在太太也走了。一辈子的电影人。哪怕是"文化大革命"的奉命之作《春苗》，现在回过头去看，还是蛮好看的。他在任何环境下都在尽他的最大可能保持艺术性。他和我说：《大人家》最后的结尾怎么办？因为留在大陆的演员夫妇身世很坎坷。我说谢导你有办法的，《芙蓉镇》《牧马人》等后来不是都过了吗。另外，没有谢晋就没有今天的横店。横店正是因为谢导要拍《鸦片战争》，为这个片子而专门搭建的六条街，这才有了横店。他是一个非常有智慧的电影人。临终前几天他还和我谈剧本，可以滔滔不绝讲两个小时，第二天他又来找我,说是把我的电话号码记错了,昨天有些话还没说完。不巧,我和宝山人大代表团去北京开会了。就是那一周他走了。我的心里很是悲痛。我们是可以两个人坐着随便聊天的。再也听不到他大嗓门沙沙的心里话了,很怀念。

黄:这个境界难得。

陈:他艺术追求上永无止境。对我也很关心。当时我个人生活上遇到了一些小挫折,他就和我说,你要做女人,又要做妻子,还要做母亲;要家庭,又要事业,这是非常不容易的。这些话出自他的人生体验。他特地跑到市委统战部的办公室来安慰我,说他要拍电影又要做父亲,人生很艰难,但一定要想办法熬过去,你想做一个完整的女人就会经历这些,你千万千万要自己挺过去。谢晋特地跑到我办公室来看我,我真的很感动。他们都是大家,来安慰我一个小处长。我就觉得这是一种忘年交,他没有把我当成是一个干部,因为我当时只是主任秘书,协助他工作,帮他做杂事。后来我做宣传部的领导了,他一直不叫我陈部长,他就叫我陈东,这么直呼其名。

黄:我觉得这种关系十分难得,我其实蛮想了解,他作为一个艺术家,以他人格的力量,在艺术之外,还可以影响很多人。

陈：确实很可贵。在我年轻时遇到挫折，他安慰我的举动就深深感动和影响了我。但是对他来说，一辈子的追求就是拍电影，他一辈子就想，我还能 play。2007 年习近平在文艺会堂召开座谈会，谢晋站起来说：我还要拍电影。

黄：对。年纪虽然大了，但是他的追求可以超越年龄，精神性的力量非常强。

陈：他就忘掉了自己的年龄，完全不在乎。

黄：还有您前面说的周小燕与袁雪芬，您再随便挑一个说一说。

陈：比如说袁雪芬，因为周小燕我谈了很多次。袁雪芬很正派，非常严格，对自己，对他人都是如此。我跟她的交往是因为她是白玉兰戏剧奖的评委会主任，而我是组委会的主任。

黄：一个是管理者，一个是专家。

陈：对，她是专家的领衔人物。从 2005 年开始，我兼任上海市文联的党组书记，同时也是宣传部副部长，负责这一块。在

对谈之二 据于德 游于艺

33 第十五届白玉兰戏剧节表演艺术奖市领导与获奖演员合影

34 2006年越剧百年，与越剧表演艺术家

市委统战部的时候,我跟她就有交往,到后来就更加频繁。我常常去她家,她住院时我也去看望她。她经常跟我提起周恩来总理和邓颖超是怎么教育她走上革命的道路,怎么来做革命文艺、进步文艺。包括1942年和1948年的越剧改革。她给我上课,介绍越剧改革的一步步过程。譬如越剧演出原来是全男班,然后是全女班,再后来又做到男女合演。越剧的整个历史,如何从一块钱包银,到一个月包银,再到后来的种种,包括逐步跟观众靠拢的过程,一直到"文革"。这些她至少跟我讲过四次。在评白玉兰戏剧奖的时候,全国各地的代表过来上海做评委工作。这对他们来说很重要,就如评职称,是跟工资、房子挂钩的。但是用袁雪芬老师的话来说,就是要保持白玉兰的高洁、高雅和纯洁,所以"请客不到,送礼不要"。这是他们的八字方针,不允许评委专家跑到外地去看戏,他们的原则是你到上海来演,没有送礼也没有吃请,所以在她任主任期间,没有发生过一起投诉。评不上不开心的事是有的,但是没有人说是有猫腻的。

黄:这真的很不容易。这都是大家的坚持。

陈:越剧嘛,有地方越剧团跑到评委家里来送金项链,她就把金项链当场扔出去。后来她的徒弟来讲,她当面痛斥,说如果这样就不要做她的徒弟了。后来我们要给她终身成就奖时,她说党和人民给她的荣誉已经太多了，这个荣誉她不能要。我给她做了两个小时的思想工作，结果她又给我上了一遍课，讲周总理是怎么教育她的。然后我就跟她讲，袁老师，我最后一次劝你，这是组委会决定的，而且明天是殷一璀同志给你颁奖。这个奖不仅仅是颁给您的，更是颁给越剧姐妹们的。最后她来了一句，这个话儿我爱听。最后我终于说服了她。

黄：老一代的艺术家真的很伟大。

陈：她是代表了这一代人，包括徐玉兰、王文娟等。实现我的价值和剧种的舞台价值。

黄：剧种、艺术，和他们本人是同在的一种关系，而不是说这是我的职业，只有我自己。后面还有两个小问题，央视张泉灵去做投资，她谈到了互联网时代的一个特点，即不是按照学科门类，一条道走到黑，而是在某些领域里总是会找到一些点，慢慢通过这些点来突破。艺术上、文化上，是不是还可以把人家好的模式引进来，甚至于某些阶段上进行模仿，最后集成、提升。我记得您上次谈到一个剧院，造得比上海的还好，那么我想问的是，在艺术上，包括艺术家，他存不存在一个学习别人、模仿拷贝别人的过程。再经过一定岁月的沉淀，在艺术上最后形成了自己的特色。

陈：这是当然的。

黄：能聊聊这样的现象吗？

陈：不要说是互联网时代，在以前没有互联网的时候，比方说音乐剧，在国外已经有很长的历史了，而在我们这儿的历史只有一二十年。实际上在歌剧走向衰落的过程中，音乐剧就产生了，它是一个唱做念都有的、歌舞俱佳的感觉。我们的音乐剧出来之后，都是话剧加唱的形式在演绎，以及包括我们在探索的歌剧的民族化，人家则是从古希腊时一直做到现在，而我们现在仍在探索，因为这是一种外来艺术，就像芭蕾的民族化一样。周小燕一辈子的第一个梦想就是培养一代又一代的艺术家，第二个梦想是其在 90 岁时所说的下半场还要进两个球，一是培养我们民族自己的声乐艺术家，二是发展歌剧的中国化。确实还在一个过程中，如果不模仿，没有从奥赛罗、托斯卡、茶花女、波西米亚人等这一点点走过来的过程，我们不会知道什么是歌剧。我们也有自己的歌剧，但是歌剧的中国化之路还很长。脱胎于外来艺术的艺术想要做到本土化，需要有一个长期探索的过程，除了有艺术技巧之外，还要有适应本土的环境。你完完全全搬来外国的歌剧，跟我们本民族的还是有区别的，我们记得住的还是带有中国式的旋律、带有中国味道的旋律。它的经典唱段，都是需要扎根于本土文化的。

周小燕：99 岁的青春传奇

站在哀乐低回的大厅里，面对您的遗容。上海音乐学院的林院长在缓缓讲述您的生平，您的儿女在深情地呼喊：下辈子还做您的孩子！学生个个泣不成声。我却泪眼婆娑地疑惑着：您是跟我们开玩笑啊，可这个玩笑比天大了。

您患重病可不是第一次了，脑梗塞后视力模糊不清，假装认不出我来，笑问客从何处来。病好了，急急火火出门，遇到熟人就说眼睛好啦。我和时任市委副书记的殷一璀一起去您家里拜年或是贺寿，您常说家里有保姆和学生照顾得挺好，让我们放心。有一年，保姆回家过年了，您一个人在家。我们去您家，打开冰箱一看：一冰箱初一到初五有标记的三餐保鲜盒。您嘻嘻哈哈地调侃："5天吃完，我就成冰箱啦！"书记急问："没人烧饭啊？"您忙答："烧饭？放心啦。小保姆细心、操心，学生们天天都会热汤热饭端来过年的。"

记不得了，有多少学生常年吃住在您家。学校、医院、家中始终洋溢着青春的气息。一个下午，我在门口就听见屋里有位大号女高音正在练声，开门看见您亲自在做钢琴伴奏。唱歌的是山东姑娘于冠群。您说她有潜质，留在身边带教。当年在青歌赛里她颗粒无收，几天后您鼓励她在海外参赛一举成名。早年间张建一、王作欣、李秀英、顾平，后来的魏松、廖昌永、方琼，现在的沈洋、韩蓬等，您膝下徒儿成群。

那天 90 岁的蛋糕是您自己从厨房里捧着出来切的。说是 80 多岁的妹妹从故乡赶来照顾您，打开客房门却见她老人家感冒躺下了。您开怀大笑：谁照顾谁啊？你们说将来我老了怎么办？ 90 岁，不老！ 2006 年是中国共产党建党 85 周年，您被评为全国优秀党员。在表彰会上，您跟大家谈心式地说：我今年 90 岁了，却只踢了上半场球，下半场还想进两个球——一是中国民族歌剧的发展，二是培养中国的歌唱家。会场里多少人心潮澎湃，经久不息的掌声和欢呼声就像在八万人体育场观战，又像是在剧院观看您和您的学生参演的辉煌音乐会。

您是典型的大家闺秀，优雅知性善良。上海的领导从武汉回来，告诉大家：您父亲周苍柏把家产交给了周总理，那儿成了现在的东湖景区。祖上这么阔绰，您却从不张扬。18 岁的弟弟投身革命病逝,成为全家永远的痛。您总是淡定从容地应对所有提问:过去了,就让一切过去吧。

您拥有一辈子令人神往的美丽,甚至越来越令人嫉妒的气质和气场。无论在哪个剧院,听什么样的音乐会,您从不去奉承什么人。只有您能如此淡定啊,悄悄话时则会评价:音质好,音准有点问题。基础课没学好,气息没调好。为了原创歌剧《一江春水》,您连着三天正襟危坐在上海大剧院里,我有幸在您身边陪伴。台上台下都以为我在对导演发号施令,实际上我只是个传令兵。不怒而威的您,着急时也很有趣:吴家祺(男主角)是 1947 年的电影里的人物,不会像如今表现得那样直白!97 岁了,您急着抄底进球啊,但依然从容!

您漂漂亮亮的穿戴一直使学生和观众惊艳,人们当面夸赞时却使您似少女般露出些开心和羞涩。小高跟鞋穿了一生,钟爱中式旗袍。忘记了哪一年开始,每年从平安扣起送一个小玉器给您。不怎么值钱的心意,可您都会立刻戴上,逢人掏出来晒晒:"陈东给的,好看吗?"当好几个朋友告诉我时,我感动得热泪盈眶,不知该如何回应。去年在病床边,我把贴身戴的琥珀绿松石给您挂着,您乐了:"还是热的呀。"您让我抬起脚来给您看看脚上的坡跟鞋,您带着洞庭湖边的口音在我耳边喃喃细语:"这次怕是难闯过去了……如果能走出去,你陪我逛街去买鞋喔。"我诺诺地应和:"一定,一定!"出了病房,忍不住冲到卫生间去嚎啕。这么一位热爱生活的先生啊!人称您是中国夜莺,可我执拗地在心里尊称您:永远年轻的中国燕子。不是吗?呕心沥血地海归回国筑巢做窝,不辞辛劳地建立工作室基金哺育后代。99 岁的不老传奇,穿越了两个世纪。安心吧,小燕老师!在人生的球场上,在音乐的世界杯争夺战中,您培育和建立的球队正在努力夺冠!(陈东)

黄:您觉得有没有审美习惯的问题?

陈:当然有。因为你用宣叙调来讲的话就会让人不适应,跟我们的生活方式和审美习惯相距甚远。就音乐剧而言,它跟我们的审美习惯以及跟我们的歌舞和戏剧相近，易于让人接受，但也还需要有一个过程。音乐剧分两种，一种是德奥系的，唱和舞是分开的；一种是唱跳合一的英美系。对于中国来说应该用什么模式，还在探索的路上。所以我们把《悲惨世界》《剧院魅影》《巴黎圣母院》，一直到2016年的《莫扎特》和2017年的《保镖》都引进来，共引进了近20部，力度非常大。我们看了堪称最好的音乐剧，慢慢来学样子，慢慢来中国化，想要一下子弯道超车，一下子创造，很难。

黄：演员也是很重要的一部分。

陈：对，我们用了10年的时间，在音乐学院有三到四期的演员来唱做。音乐要怎么写才能体现中国式的音乐，我们现在的主旋律创作也还在路上。音乐剧的成功不仅取决于舞美设计，还跟剧本有关，包括故事、题材等。音乐剧要宏大叙事，很难。选题是很大的一个难题，是否直接源于生活，切入现实？在国外，《歌舞青春》是源于生活，《人鬼情未了》是切入现实，其他大部分还是古典题材。可见，在源头、剧本和音乐上，我们的音乐剧同国外的差距还是很大的。所以一定不能有拿来就能用的拿来主义，一定要消化吸收。

黄："拿来主义"在科技上的使用是很明显的，在很多领域我们都是直接购买来使用的。后续的问题出现了从而使我们反思。在音乐剧上，我们先买来拆开学习，是不是在文化领域的一段时间内将是我们的常态。或者倒过来说，我们的文化艺术向外传播，例如京剧，是否会有国外人的本土化过程？

陈：我觉得很难，因为语言的关系，举一个不太恰当的例子，我出访奥地利时，演出时一个主演生病了，导演问现场有什么人会唱，剧团里有一个德国人说他唱的是经典版，而现场演出的是现代版，导演说没问题，只是衣服和舞美变化了，内容还是一样的，于是那个德国人就上台唱去了。这也是人家的文化，放在这里就不敢想象了。

黄：放在中国是不敢想象的，这还是一个文化土壤的问题。

陈：所以我觉得我们是瓷器，精美而脆弱，难以复制，而他们是塑料杯，这一比喻可能不太妥当，但是比较有意思。

黄：所以我们到海外的演出，别人都是将它们当作一种审美来欣赏，而不是一种工业化可以复制的现象，因为很难复制。可能这跟我们本身艺术孕育的土壤不是工业化有关。

陈："橘生淮南则为橘，生于淮北则为枳"，有这方面的原因。

黄：还有最后一个问题，前面我们聊到互联网对生活方式和消费方式的改变非常大，现在有些公众号，如"一条""良仓"等，它们将文化艺术与互联网电商的巧妙结合是未来发展中一个值得关注的现象。其实就是说生活美学领域，我们的文化和艺术，在一个艺术和商业互动的背景下，您怎么看待艺术生活化和生活艺术化的问题？

陈：现在来探讨这一问题比若干年前更有体会了。因为大家在吃饱穿暖之后对精神文化方面的追求上了一个层次了。按照马斯洛行为科学的需求理论，我们现在应该在三、四层阶段。很多人在有一定财富自由的情况下，会选择个性化装饰自己的生活。以前是确实没有到这个水平，而现在是已经到了这样一个"刚需"的时代。以前深圳有个做流水作业的"低仿"工厂，做假油画的，而现在已经没有市场了。因为人们的生活水平提升了，不需要去买这些低仿的产品了。为什么这几年的艺术博览会越来越好，因为人们觉得花两三万的价格买一个法国画家的油画是可以接受的。再有就是整体的需求，比如整个餐厅都是国画的风格，从餐桌到窗帘到餐具，全部按照故宫的来。现在有一个香港的公司是做类似工作的，通过故宫授权来为家庭仿做故宫的装饰。中产阶级以上，也就是白领，稍微有点文化的，在他的预算范围里都能接受，因为这可以给家带来个性化的定制。所以当艺术生活化的时候，一个小的角落的设计就体现出主人居家布置的品位和格调。这可能是一个方向。又如艺术品收藏，乱世藏金、盛世藏玉，乱世藏金是为了避难、逃难用。盛世才有时间和格调去把玩和收藏玉器、瓷器等，以此为乐，以此为趣。民间的收藏非常丰富，超乎想象。所以，艺术的生活化体现在生活的方方面面，它不是一个狭隘的定义。包括像绒绣，现在也是艺术的生活化。

黄：没错，绒绣现在应用在坐垫上，甚至手机壳上。

陈：现在社区，很多市民中心，包括学校，设立编织、刺绣、书法等班。这就是一种艺术的生活化。他不一定要做到徐悲鸿、张大千，他自己有自己的爱好，就是艺术的生活化了。

黄：我觉得很对。因为有了这样一个条件之后，商业和文化一结合，文创产品的价格在电商时代下降。传播的途径也比原来方便了许多。在这样一个时代下，是不是也推动了艺术生活化传播。

陈：对，我前面讲的雅昌定制，没有互联网也是做不起来的。

黄：原来传统的方式做传播已经是很低效的了。

陈：现在在互联网上我们可以看到很多的艺术品。

黄：而且选择的余地也非常大，不一定要追求真迹，现在好的高仿也很不错。互联网推动了双向互动。

陈：不能让需求方和供应方无法对接。如果没有互联网，我和厂商就很难对接，酒香也怕巷子深。我拿着好东西会找不到下家，而下家也找不到好东西。现在互联网提供了这样一个平台。

黄：张泉灵讲了一个观点，我比较赞同。一开始做文创产品的人可能原来只是商人，他做的时候引领了一个方向，等有资金进来后，把过程中的瑕疵慢慢去除，然后层次抬高，再引入资金，进一步引入人才抬高层次。但是这跟我们原来的想法不同，过去会觉得文化艺术怎么能和商业结合，这是一种无法想象的行为。

陈：对，上海虹口区开过几届文化金融论坛。他们的苦恼正是这两张皮无法结合，搞金融的搞金融，谈文化的谈文化。而在文创里这两张皮很好地结合了。金融的出口和文化的入口比较好的契合。

黄：在文化艺术领域里，包括跨界、第三空间等，契合很重要。因为两者要找到共同点，交叉面。但还是需要一个过程，像您刚才说的，又懂文化又懂商业的很少。在上海中心，有一家入驻企业，创立者正好是我校友，他成立了一个上海亚洲艺术品金融商学院，主要同剑桥、英国皇家等一些收藏机构合作，希望一些投资者来学习有关艺术品金融方面的内容。

陈：需要告诉他们，什么是莫奈；毕加索是怎么从9岁开始画画的，后来又是怎么从经典走到了现代艺术？我也是从马德里看到斯德哥尔摩这么一路看过来的。才会感叹，原来是这样。他需要一个艺术积累的过程，他需要知道什么是好的。现在缺失这一块，所以会把一些乱七八糟的东西，如波普等当作好的艺术，没有审美，只有审丑。

黄：谢谢分享，那今天就先到这里吧。

对谈之三
紫藤萝与星巴克

— 时间：2017 年 7 月 20 日（星期四）
16：00—18：30

地点：思南路 Cafe of KACAO

黄：陈部长，这次谈话的主题借用了龙应台一篇文章的题目——"在紫藤萝与星巴克之间"，实际上想讨论上海文化的所谓"小资情调"，无论是咖啡还是茶水，是一个都市休闲文化生活中需要的标配。很少有城市像上海一样，在洗练的商业文明的血液里，在共和国长子的大局意识和奉献精神背后，还有一种被称作情调的精神享受，有偷得浮生半日闲的文化品位。因为到过上海的老外经常会说其他的地方找不到咖啡馆，或者是找到了咖啡馆，咖啡也是很难喝的，但是在上海，他们能找到这种地方。

前几年 114 生活网好像有过一个统计，上海的星巴克差不多有 500 家，茶馆有多少我没有印象了。现在又发生了怎样的变化，还需要了解。所以我们一开始想说一下，作为一个国际文化大都市，咖啡某种程度上其实是代表了一种洋化的、外来的生活方式，而茶馆是我们原来传统意义上的热闹人生，上海从 20 世纪 30 年代的"凤凰于飞"到改革开放的今天，一直保有"小资情调"，您觉得作为一个不无揶揄地被说成是"崇洋媚外"的城市，该怎样来理解、分析与评判这种历久弥新的小资情调的东西？首先请您谈谈对这种情调和品位的总体印象和直观感受？

陈：我是这么感觉的……先讲一则小故事，原来我在市委统战部工作的时候，文化人程乃珊邀我去他们家里做客，她的祖父是银行家，她自己是在香港长到12岁回来的，所以她身上总是有香港、海外的那种味道。她来我工作的地方，温婉和悦地问我：可以请你到家里去做客吗？20世纪80年代末90年代初，一般到她家里做客的人是非常少有的。我去了她家，居然是喝下午茶，感觉很英式：钢琴边上放置蜡烛台，点上蜡烛，特意把百叶窗打开，去上海咖啡馆买了咖啡，去凯司令买了奶油小方，她的先生严尔纯也在。她一边招待我一边还说，你不要觉得我太小资了。

那时候我正好在市委统战部负责联系港澳事务，她也想去香港，我就和她沟通一下具体想法。程乃珊觉得我工作的海外联谊会比较官方，去她家里，会觉得比较亲切，当时我不过是一个部门的副处长而已。今天回想起来，那个下午茶就是老上海的感觉。当时给我的震动还是蛮大的。程乃珊写过很多作品，她的《上海探戈》《上海LADY》《上海FASHION》很有影响力。我们相约在她弄堂里的洋房里面，也就是他们祖上的房子，一边喝着咖啡一边说着关于咖啡的种种。从这个小故事里

对谈之三　紫藤萝与星巴克

你就可以看得出这种濡染。这种老上海的情调1949年前就有，是很小资的，很白领的，很"白骨精"（白领、骨干、精英）的。我们就这么坐着一起聊天，聊她的祖父，聊她的父亲，聊她自己，她是怎么当中学老师的，怎么教英文的；也聊她的作品，看看她的生活状态。小说《蓝屋》中的很多信息还是她丈夫告诉她的，他们夫妻俩都是当老师的。这其实就是海派文化的一种体现。

我记得我们前两次对谈涉及跨文化沟通的问题，程乃珊可能有一种双文化人的潜质，在这个频道里她有海外的感觉，在另外一个频道里她又很中国，很了解大墙的外面，了解"穷街"（也写成了小说）。作家陈丹燕也很喜欢在国际上行走，这是上海都市文化的特点。有人说香港的特点是银行多过米铺，而今天看上海的感觉，可能是咖啡店多过茶馆，这是上海都市的印记。当年的上海咖啡馆，还有我们老上海的很多品牌咖啡屋，包括红房子西餐馆等，很多今天依然留在我们的记忆里，不管是租界的原因还是殖民地的副产品，不可否认，上海是最早接触外来文化的。

借用习近平总书记的三个"来"，即"不忘本来，吸收外来，面向未来"，不管是1949年前留下来的，还是中华人民共和国成立以后才有的凯司令、红宝石、西式的餐饮等，都是努力吸收外来的表现。我记得谢晋导演拍摄的电影《鸦片战争》快结束时有个镜头：林则徐拿着刀叉跟皇帝说，地球是圆的，用铁器吃饭的民族是不能被忽略的。东方的神奇树叶是茶叶，以前不知道什么是咖啡，今天的"一带一路"，都是有货物贸易的，就是我们的东西出去，瓷器也好、茶叶也罢，人家的东西进来，很多的物种，包括今天我们熟悉的番茄、土豆，都是从外面过来的，这个就是开放，开放了才能共享。我们原来也不知道牛排有三分、五分、七分熟，也不知道可以用面包粉裹一下。个人觉得咖啡和茶是可以共同存在的，上海的多样性就体现在这里，为什么很多的老外来了以后很熟悉，因为在这里可以找到他们熟悉的生活方式，这也是他们喜欢上海的一个理由。全国最大的星巴克旗舰店落户在静安了，就像中心厨房，可现场参观生产流程，现场选用。

我要吃中餐可以找到，要享用全国各地的餐饮也可以找到，好像是在瑞金路，有一家墨西哥菜馆，当年就是弄一些龙舌兰酒放在手背上，蘸上盐，舔一下，吃西餐。那么，一个墨西哥人也可以在里面找到卷饼，可以一边喝咖啡，一边吃卷饼，有很多这样的餐饮样式。今天在这个咖啡吧里，可以找到面条，也可以找到星冰乐。所以这是一个多样性的存在，有咖啡不可怕，它的存在不会湮没了茶叶。

黄：您刚才的直观感受和程乃珊的小故事我都很认同。我想进一步问下去的是，咖啡时光或者下午茶时间，既然能经久不息地被命名为小资情调或是文化品位,一定有与中国人以前的茶馆生活不一样的地方吧？中国古代文人,三五知己,诗酒酬唱,琴棋书画,不也很有情调吗？为什么不能称为小资情调,顶多也就是个雅集？究竟是什么特别的元素,什么内在的东西使外地人、其他国家的人,都会认为上海很有腔调,很有情调,很有品位？除了我们喝的咖啡之外,您觉得是不是和文化空间的营造有关系？小资情调等于洋味吗？是不是和土了吧唧相对应？

陈：东方的神奇树叶,神奇就是神奇在这个茶上,不同的山上有不同口感的茶叶。武夷山的茶和祖国宝岛台湾的乌龙茶肯定是不一样的,所以茶有茶的调调,带着一种朦胧感、一种知己感,有很浓的问道的色彩。比如朋友们一起暖壶,一起欣赏茶道,一起斗茶。有人一上来就可以吃出这个茶的海拔是怎样的,经纬度是怎样的,都快成"茶精"了。在喝的过程中,享受的是文化,茶的文化。

我在家里就喜欢喝茶,我先生常年在外企工作,他就喜欢喝咖啡,一天喝五杯,所以我们家里既有咖啡机,也有茶具。我要喝茶,他要喝咖啡,我们女儿就因为这个,又能喝茶,又能喝咖啡。

黄：这是一种小范围的咖啡与茶的融合。

陈：咖啡和茶同属一种文化，但确实又有不同。在西式的咖啡馆里面，每一个咖啡馆就像高尔夫球球场一样，有八九个洞乃至十八个洞，但是每一个坡形是不一样的。上海的几百家咖啡馆，那些星巴克连锁店，有中心厨房的，咖啡都是差不多，但其他的咖啡馆，尤其是独家的，就是一个咖啡馆一个样式，一个咖啡馆一个情调，一个咖啡馆里面有一种调咖啡的手势，像调酒师，调出来的口感也是不一样的。

就像我们两个人聊天，找咖啡馆的话，也不会找同一家咖啡馆，所以品咖啡，其实是要享受那种咖啡时光的感觉，或者是看咖啡馆的样式的感觉，每次会有不同的体验，这就是生活方式的不一样，样式、形态的不一样。所以才会有很多人会说，上海好像是蛮小资的，带有一点洋味，咖啡厅的装修，像今天这样的，是在地下室，有半开放的，全开放的，这都是不一样。装饰风格也各有特色，有后现代的，管道全在外面的，也有当代艺术类的，有很多的照片，丰富多样，感受的是一种外来的文化。这些地方与日常生活不远，不是豪华会所，你在豪华会所里，那就不是小资，是大资了。咖啡店又不奢侈，是白领甚至是普通百姓都消费得起，可以接受的。三两知己可以品茶，也可以喝咖啡聊天，比较静谧一点。而且现在的咖啡店兼有喝茶的功能。而中国传统意义上的茶馆，相对就比较热闹一点，大家可以一起吃着瓜子，旁边的人一起聊天，还有人唱曲甚至打牌。当然，问茶的地方都是在雅间里进行的。

黄：您的意思是不是这样，咖啡与小资联系在一起，其中一个因素是外来文化的"洋味"；另一个因素是各种不同的咖啡馆所营造的审美文化空间。这两个因素是一般茶馆不具备的？现在有一个新的研究领域叫城市哲学，也许是都市社会学和哲学的跨界，涉及第三空间理论，所谓第三空间简而言之就是在单位空间和家庭生活空间之外的另一个空间，但是我个人觉得又不等于大众意义上的公共活动空间（如市民广场）。整个第三空间与精神文化需求相关，是有人精心营造的，但是不脱离生活，只是从日常的生活中适当地抽离。情调是不是应该和第三空间的文化营造相关？您在家里也可以品茗喝咖啡，为什么要出来？进行社会交往，享受营造好的文化空间，不是传统意义上的阳春白雪，也摆脱了家长里短，又加入了一些多元文化因子，特定空间和时间的结合，才有所谓上海情调或小资情调的东西吧？

陈：你这个观点我同意一半，第三空间这个概念是对的，明确指认了地理和空间，既不在家里，也不在单位里，但是又不是在商场里，也不是什么大饭店，不是以上这些地方。但是我觉得上海情调还离不开改革开放的大环境，与经济社会的历史进程有关。原来计划经济时也想这么做，但是那时心有余而力不足，你很想喝杯咖啡，但是要有糖票，要有奶的供应，不是你想要就有的，这是一个情况。20世纪90年代初，我在东海咖啡馆里看到一位老外要买单杯咖啡，营业员说要买全套，就是加西点的，单买不卖！老外耸耸肩，走了。

第二个情况是当年发黄豆票，是给高级知识分子、文艺家，或者科技人员等。因为吃不饱，所以需要特殊供应，才会给你发一些黄豆票。如果身体发高烧，要医院开证明才可以去买西瓜，试想那个年代怎么可以随便喝咖啡呢，不可能。改革开放以后，大家慢慢有了这样的消费能力，同时物质供应也足够丰富，才可能有这种情调的东西存在。原来我和大家约谈的话，肯定是你来我家里喝一杯茶，或者我去你的办公室里坐坐，怎么会有第三空间？原来是在家里烧饭，现在天气很热，谁愿意在家里做饭？家宴是很奢侈的事。原来五块钱可以吃得很丰富了，现在的话花个几百元在外面吃饭，怎么可能在家里做？所以一定是和时代的发展进程和大众的消费能力、市民的生活方式密切相关的。

所谓的第三空间不仅仅是地理概念，它代表的是一种社会的进步和一种文化生活水平的提升。最好笑的是1998年，我去北京出差，住在八大处。和我一起去的有徐汇区宣传部部长吴秋珍和奉贤区宣传部部长徐海。当时八大处那个地方很偏僻，在香山脚下，没有地方喝咖啡。但是徐汇区的吴部长习惯了喝咖啡，可是忘记了带方糖，像无头苍蝇一样地到处找，最后还是没有找到。后来，我们约了其他的朋友在西山宾馆喝茶，到那里时发现柜台上有方糖，她高兴极了，"扑"上去就要买方糖，前台问她是不是住这家酒店，不住的话，就不卖方糖。如在上海的话，一定是可以卖的，但是他们那里就是不卖，实在没有办法。是不是很好笑？说明那个时候，那个地方，方糖也是比较奇缺的。

黄：要不是听您说，还真不敢想象。那年我还在北京读书。

陈：20 世纪 90 年代末的这些情况放在上海是不大可能发生的。

黄：按照您刚才的理解和说法，小资情调不仅有特定的地理和空间限制，还有改革开放以来整个物质生活条件的支撑。上海，真的还只有上海，得风气之先，才最可能营造出小资情调。咖啡只是一个外在的标识。我小的时候在农村，说句老实话，喝得最多的倒是凉白开，茶叶都没见过，咖啡更是听也没听说过，读了大学，才慢慢知道外面的世界。也就改革开放几十年的工夫，一蔬一饭一饮，变化多样。但像上海这样既得风气之先又像模像样的小资倒确实有模板效应。上海天然的区位优势使它比别人有得天独厚的禀赋来享受情调。不知是谁讲过，一个城市，忙碌之余，节奏飞奔之际，总要有逗留徘徊之地，奢华背后有朴素和沉静。而文化，恰恰需要有空间使其慢慢累积、沉淀、酝酿和培养。

陈：今天上午上海市人大（时任上海市人大内务司法委员会副主任委员）调研，去了金山岛。上海是一个海洋城市，海洋城市和内陆最大的差异是海洋带来的胸怀和眼界，我们整个城市的格调都符合面向海洋的特点，我要拥抱的，不是岛屿，而是浩瀚世界。既然是一个海洋城市，还有600多千米的海岸线，如你上次提到《论语》所言，"智者乐水"，相对于山，水的灵动和周流无滞会影响城市的性格和境界。相应地，格调肯定会更高一点、大一点、宽一点，而且上海涉及的外来对象也多，自贸区也好，保税区也好，吐故纳新的机会也多。现在还要发展邮轮经济，就可能结识各种各样的人。当初我去武汉，应该是1983年吧，来了两个澳大利亚审计署的外国教师，正在东方红百货商店，很多人都用伞遮住他，因为那么多的人跟看猴一样地看他，他就觉得很奇怪，为什么大家都看着他？我们就解释说因为你是难得一见的外国人。他又是大胡子，人又是特别的高，一米九还多，跟长颈鹿一样，在上海的话，20世纪80年代这种事就很少了，因为见多不怪了。

黄：陈丹燕以及您开始时谈及的去世不久的作家程乃珊都有写过不少关于上海情调的文字，有追忆，有怀想，还有担忧。今天有人像龙应台一样担心星巴克会把茶馆店统统打败。全球化、国际化已经成为一个正在急速发生的现实。如今青浦的朱家角也开了一家很大的星巴克，传统文化特色那么显著的城镇,也在不断地被星巴克进驻。上海的不少官方文件中常常提及建设国际文化大都市。谁的国际化?变得跟谁一样?您前面谈到了咖啡店和茶馆可以融合的方面,比如在你女儿身上就融合得很好。但对一个城市来说,它的价值取向和文化特色是很难保持中性的,不同文化元素一碗水很难端平。融合后应该是一个新的特质,形成新的标杆。想请您聊一聊,国际化的主体究竟是谁?我们要变得和谁一样?我们开发中的城市在乘势而起的同时会不会发现"自己不见了"的恐惧?一种文化,一个城市,一个民族,自我意识和国际化,如何来权衡这二者之间的关系?

陈:你这个题目稍微不那么抽象一点来说的话,也就是国际化和多样性的问题。

黄:差不多是这样。或者说我原来是这样的,但是经过了国际化的洗礼以后,国际化有了,而本来、本色的我没有了。这是龙应台担心的问题。国际的因素都进来并吸收了以后,原本的我到哪里去了?从研究的角度来看,可以有两种观点。第一种观点的大意是:原本的我就是一个不断建构的产物。我最近读了香港中文大学人文学科研究所所长熊秉真教授早年的一本著作《童年忆往——中国孩子的历史》,其中就谈到了成人和儿童对儿童史的共同建构。国际化不过是和传统有很大差异的新的建构，建成的那个自我越来越不一样。第二种观点认为，因为我和你不一样，所以你才会有了解我，并产生交流的欲望。如果都是标准化，我和你没有区别，完全同质化，都只是喝一样的咖啡，吃一样的牛角面包，那我要国际化干什么？那不还是那种学徒心理吗？

陈：很多人可能都认为要推进全球化的进程，随着互联网技术的发展，全球化也正在成为事实。在全球化的进程中，可能因此而少了多样化，大家都穿一样的衣服，喝一样的咖啡，做一样的人。那么他的个性、民族性和多样性，就和物种一样，都没有了。就好比引进一枝黄花，把其他的都灭了，对此有人肯定会担忧。越是有文化的人，越是会有担忧。上海不再是上海，你不再是你，吸引力也就没有了。

人有时候很奇怪，一方面说喜欢上海，很方便，想要什么都有，但另一方面，上海到底是什么？关于上海的自我认同也是一个很有意思的话题。我觉得应该重视国际化背景下多样性的保持，但是不要过于担忧。

黄：您倒比较乐观。

陈：有生命力的东西，是不会无缘无故消失的，这是渗透在血液里的，比如上海目前大概只有 10% 的原住民，但是 90% 生活在上海的人都喜欢"四大金刚"（大饼、油条、粢饭、豆腐浆），哪怕这些点心都已经是由外地人做出来的也还是喜欢。这就是一种生生不息的延续。当然，如果因为国际化，硬生生地把这些原有的东西人为地消灭，好似消灭一个物种那样，那肯定是不对的。只要不是人为地割断国际化和多样性的关系，那就不用过于担忧。像上海这样的城市，我们确实要有强烈的自我意识，坚持多样性和包容性。许多东西到了上海以后，本土化程度都很高，这是外来的东西适应上海社会文化生活的需要，比如罗宋面包、罗宋汤，这个罗宋汤还是完全欧式的吗？当初是白俄带过来的，现在早已不是意大利蔬菜汤的样子了；至于意大利的披萨到了上海之后，也有变化。

上海的南翔小笼包之外出了个小杨生煎，但是灭不了大壶春，大壶春依然还在，几十年过去了，大壶春还是大壶春，所以本土文化自有其芬芳，有它自己的一种生命力在，我们要呵护，要让它发展，轻重缓急要得当。光讲"洋气"不行，只有咖啡馆，没有茶馆店，有西餐，就不能有中式小吃，这种发展太过极端，还是本土和国际化结合起来发展比较妥当，否则斗来斗去吃力不讨好。比如新亚大包、荣华鸡，现在顺风鸡又出来了，还有中国台湾地区的鼎泰丰我也去过了，已经做得和以往很不一样了，他们标着，日语、韩语、客家话，你需要怎么样的服务员，就给你什么服务员，典型的中式餐饮，但是弄了很典型的西式的服务，弄得比欧洲还要欧洲。

黄：如果结合得好的话，自我意识方面的忧虑没有那么严重，因为原来的文化特质是逐步形成的，在外来文化的熏陶下，虽然是一种洋调子，但是不用担心整个本土文化的品位及样式。

陈：对，不用特别担心。但并不是说明我们这些文化人的担忧是空穴来风，因为确实存在一种现象，上海一直被人批判，说上海崇洋媚外，以洋为先，或者是以洋为傲，这种声音一直有。实际上呢，也是一种曲解。上海是有意地模仿纽约、东京这种大都市吗？也不尽然。上海曾经有21个区县，现在是一点一点地合并到了16个区，每一个区都在保护自己的风土文化，都在规划自己的街区，做得很尽心。我和普陀区的同志说过，要重视真如的发展。普陀区是上海城市的四个副中心之一（其余三个是江湾五角场、徐家汇和浦东花木地区），我们是有真历史的副中心。其他三个已经建得很好了，浦东有了花木地区，徐家汇已经超过副中心的功能。现在作为城市的副中心，就剩一个了，上海的西大门还需要好好策划，正在做，相信可以做好。这里就有一个文化和历史的观照。真如曾经是粮库，有寺庙，有大学，有很多深挖的历史，把这些历史好好地整理出来，然后发扬光大。当年也有传教士过来，也有很多外来文化和本地的交流。真如寺旁边就是一个火车站，我们小的时候都知道的真如站，现在已变成了上海西站了，一点一点就这么过来的，所有发展进步的过程中，只要每一个区都不迷失自己，整个上海就不会迷失。普陀区是这样子，杨浦区也是这样子，它就是当代工业的一个遗存。只要每一个区县对自己的风土人情保护好，都能成为生动的教材，那整个上海还依然是上海，不会没有方向。在理念上我们各级政府也在不断调整，从拆改留改成留改拆了，不得不拆了才会拆，在历史文脉的保护上认真谨慎。

黄：上次巨鹿路房子拆迁一事，大概就是您所说的留改拆政策实施的结果。

陈：100年的历史了，你拆了干什么呢，100年的房子不能拆，只能修。我们的历史太长了，我们有5 000年的历史，上海的城市历史也不短。我们很容易急于发展，但是不要迷失了自己，不要把老天爷老祖宗留下来的东西都给消灭了。

黄：所以您的意思是虽然不必过于忧虑，但是也要经常提醒，历史积累下来的东西也好，保持多样性也好，不能在国际化的要求下失了分寸。

陈：对，是要自觉地保护，有自觉的意识，文化人的好处就是事件没有发生的时候，已经预见到了，他会提醒可能会发生什么事。因为他看得多了，看了古罗马历史，看了古印度历史，鹊桥俯瞰，人世微波，那些忧虑和善意的提醒对于一个持续发展中的城市来说是有好处的。

黄：好，我们再回到龙应台的那篇文章，她说，千年礼乐，不绝如缕，并不曾因"现代化"而消失或走样。无论是罗马、巴黎还是柏林，为了一堵旧时城墙、一座破败教堂、一条古朴老街，都可能花大成本，用高科技，不计得失地保存修复，为了保留传统的气质和氛围。作为浸润西风日久的城市，您觉得历史文脉尤其是带有情感记忆的那些建筑主色调明确吗？街区的林相结构包括林木花卉的色彩搭配和谐吗？城市地标和天际线如何？这些问题的讨论好像越出紫藤萝和星巴克，越出咖啡和茶的空间了。

我为什么对这些大的文化生态营造有兴趣呢？是受一位长辈学者的启发。他说在上海工作生活，我们要关心、研究这个城市。一条复兴路，从复兴东路、复兴中路到复兴西路，上海各个不同历史时期几乎所有的建筑风格都有，很值得研究。历史风貌、中西文化的濡染等可见端倪。点缀其中的花草树木也有讲究。上海在向国际文化大都市迈进，从黄浦江上吹过来的风，还能吹进几条曲曲折折的弄堂？摩天大厦鳞次栉比，又高又密，可还有空间透气？总之，在城市的建筑主色调、林相结构、城市空间营造等方面，您觉得上海这座城市未来如何真正体现多样性、包容性和区域特色？

陈：应该这么说，无论是上海城市建筑的主色调也好，还是它原来的大街小巷也好，是很多人很喜欢的。比如小品演员蔡明，她在飞机上和我讨论了三四个小时，正好那天飞机误点了，我们两个坐在一起，她就和我说，她很喜欢上海，而她喜欢上海的点和别人不一样，人家是吃东西、买衣服，她则是喜欢逛街，逛街不是为了买东西，就是为了纯粹的逛街。逛街的时候，北京就是大方块、小方块、长方块、高方块、扁方块，总的感觉呢，这个方块是北京的特色，而上海则不是的。我就问她，你作为第三方、外来客，是怎么看上海的？

她说她喜欢上海的大街小巷，喜欢逛街，就为了走路。比如说武康路是武康路的风，复兴路是复兴路的风，南京路、淮海路等，没有一条街是一样的。北京是方方正正的，上海是弯弯曲曲的，这里是一条小巷子，那里是一条小弄堂，可以感觉到人生活的气息，人是生活在这个弄堂里的，可以看到这里的人晒的衣服，前面是大商场，这个商场的后面又是人家在烧饭。我要小资就小资，要本土就本土。她喜欢上海的理由是这个，我没有想到这一点。

黄：我在北京读了6年书，可以体会她的感觉。

陈：她说喜欢上海就是喜欢上海弯弯曲曲的大街小巷，不是正南正北的大街，我就跟她说，上海没有一条路是正东正西的。

没有一条路是笔直的,这就是上海的风格,要是把上海全部变成石库门、变成一个色调也是不现实的,它的天际线本来就是七高八低的。外滩被称为万国建筑博览会,最漂亮的建筑物就是汇丰银行,汇丰银行这一栋楼,当年市政府也在里面办公,现在罗马柱两对,里面一对,外面一对,大门边一对铜狮子。外滩的每一栋楼都不一样,每一个柱子都不一样,但是每一栋楼上都有一个塔顶,这是一样的,但塔顶的天际线又不一样,陆家嘴的天际线也不一样,站在人民广场看天际线也是不一样的。所以天际线的不同,组成了这个地方特有的一种风格,看似杂乱无章,实际上井然有序。

之前我正好参加了改革开放年代里黄浦区招商引资活动,老的市规划局总规划师耿总当时就死死"咬住"了天际线,这里不能突破,那里不能突破,这是非常正确的。包括现在的金外滩,有一个像莲花座一样的顶,是徐匡迪特批的,印尼华侨投资,造多高还要看风水。说句实在话,时光不是杀猪刀,时光是一部激光机,年轮就是这么刻出来的。

当年我们的和平饭店,北楼旁边建的是中国银行,中国银行坚持要把这个顶造得超过和平饭店。现在大家都是要比这个顶。天际线肯定是要受保护的,不保护的话,这个城市就乱糟糟了,一定要像剪纸或者是素描,这个线条要上去,那个线条就要下来,日照下来时,立夏也好,冬至也好,日光就是一个小时,这一个小时里线投射下来是什么样,这个城市就是什么样。所以天际线是很重要的，城市的规划马虎不得。

黄：刚才的话题虽然与咖啡和茶不直接相关，但是往文化的内核里说，城市建筑风格、天际线等其实也是文化生态的一个硬件和基础，小资情调正是在这样的城市建筑里发生的。咖啡和茶涉及很小的空间，拓展开去就会涉及城市空间。

陈：你仔细地去分析，十年一变的石库门，1900 年到 1910 年、1920 年、1930 年，一直到 1950 年，石库门的外沿，它的石挡，它的瓦当，一直都是在变，它和乔家大院完全不是一回事，这是典型的海派建筑。

黄：不断地经过了时间的洗礼，逐步调整。

陈：对，包括我们的西式公寓，蜡地钢窗，外加百叶窗，这是标配。肯定要有百叶窗的，百叶窗是英国人带进来的，可以调节光照。一拉下人家就看不见里面了，而要看外面的时候，又可以调节打开。我们的石库门本身有前厢房、后厢房，有厨房、保姆间、灶间、汽车间，有很多中西文化的结合，拐角上还有亭子间。作曲家聂耳，当年也住过亭子间。新式里弄百叶窗，蜡地钢窗石库门，这就是海派在建筑上的体现，有点像 town house.

黄：所以我们说的这个情调，包括在上海喝咖啡的情调，大的环境和一个城市的地标、天际线、建筑风格都是有联系的，还有种什么样的树，栽什么样的花，做怎样的搭配，对城市的风格也很有影响，现在我们在大拆大建的时候挖掉了很多的树，这个还是需要琢磨琢磨的，有一些是种了多少年了，挖了就没有了。

陈：淮海路上挖掉了很多。一是为了拓宽马路，二是商家为将自己店面的霓虹灯、店招展示地一目了然，结果这些树都被砍了。但是这些树是历史，至少要长十年，你现在把人家的树全挖过来，一是成本很高，要水土，要挖原土，是很不容易的，当地百姓也抱怨。你们要青山绿水，让我们变成了荒山秃岭吗？植物和城市要一起长，才会有生命力。为什么宋庆龄先生喜欢香樟树，香樟树的味道很好，它全身都是宝，同时它长得很慢，是和这个城市慢慢成长的，有我和树一起成长的感觉。

现在上海已经比较注意这一问题了，我们小的时候毛毛虫很多，还有飞杨花的，现在杨树是没有了，毛毛虫也不见了，今年春天我发现上海的玉兰品种变多了，紫的、白的、粉红的，各种各样的颜色都有了。我拍了很多照片，骑着摩拜到处拍，很惊喜。这说明大家有意识要装点城市了。

黄：前几年也有很多人在呼吁，一个城市的历史、情感和生活，不是说造了很多的高楼，而是要把很多值得记忆、怀想的东西留下来，原来没有留的要想办法去弥补。

陈：现在去中山公园、顾村公园可以看到樱花了。上海的市花就是白玉兰，玉兰花是适合上海这座城市的，不妨多种一点。把凤凰、木棉全弄来上海也不大现实。我们要发现最适合的物种，最适合的植物形态。金山岛就有 200 多种植物，慢慢地氛围就会形成。

黄：所以情调也好，一个城市的文化氛围也好，可能需要突破政府管理的任期，像原来市委宣传部研究室王锦萍老师所说的那样，期待着一张蓝图干到底，避免换一届领导换一套思路，总体保持规划设计的连续性和统一性。在这些事情上最怕的就是翻烧饼，文化沉淀要靠日积月累。从种树开始，从造楼开始，从街区的规划开始，水到渠成。这两天看到一个蛮感人的视频，是中国美术学院的建筑师王欣跑到浙江安吉章村一户普通农民家里，截了 50 多平米的院子一角，花两年时间造了一座小园林，只为了他的学生方恺要送一份生日礼物给父亲。小园林包括室内和露天两个茶席，建造的工人是农民，来喝茶的也是农民，大家每天能在家门口喝上雅雅的茶，就连邻里关系也好了。在章村居住的方恺的父亲，是一位乡村教师，心里一直有个文人园林的梦。所谓情调，所谓文化，就在其中。城市生活中的文化品位，新旧不是标准，而只要匠心独运，饱含人文情怀，吸纳中外优秀的文明成果，历史与现代就会有机统一，身在其中也会很惬意。

陈：对，今天我们去徐家汇的土山湾博物馆、天主教堂、藏书楼，你会发现《几何原本》是利玛窦和徐光启共同翻译的，你就不会曲解传教士，不会觉得传教士全都是坏的，不排斥他们有文化侵略的方面，但他们在先进技术的传播上也有贡献。土山湾博物馆作为中外文化交流的一个地标，也记录了利玛窦和徐光启的友谊。

黄：对，近日上海市对外文化交流协会和上海社会科学院邀请海外学者参观土山湾博物馆，感触很深。当年土山湾孤儿院的学徒学习立体雕刻，对肌肉纹理的把握、对动态的刻画，令人印象深刻。黄杨木雕非遗传承人徐宝庆就是在土山湾拜师学艺的。他在掌握了西方绘画和雕刻技艺的基础上又选择本土化的生动题材，艺术成就很了不起。

陈：《丁丁历险记》中的人物原型张充仁也是土山湾出来的雕刻家。密特朗的雕塑就是他做的，张充仁可能是在欧洲最出名的雕塑家。土山湾正是咖啡和茶的结合、中外文化融合发展的一个典范。

黄：是两者交融的一个结果。这一话题我们先到这里。再回到龙应台那篇《紫藤萝与星巴克》的文章，在星巴克你能看到更多说外语的人，而在茶肆酒楼，情况则有所不同。关于一个城市国际化的标准通常会聚焦在两个方面，一是英语的使用普及程度，二是外籍人士占城市居住总人口的比例。我总的一个感觉，也许是很多人的共同认知，上海对外文的重视程度在中国可能是数一数二的。科大讯飞的老板刘庆峰最近在上海图书馆有一次演讲，谈到大数据＋算法＋深度神经网络技术发力推出的科大灵犀软件已经可以将中文口语直接翻译成英文。当然更广泛的市场运用也许还有一个过程，但至少说明随着技术进步，语言越来越成为工具而非目的。按照这个趋势，您怎么来看上海这座城市各类外语培训机构蜂拥而至、满载而归的现象？怎么看本土语言的发展与语言国际化的关系？龙应台认为，语言不是木头，而是活生生的千年老树，扎根在历史和文化的土壤中。

前一阵子我们也在讨论，上海的滑稽戏、独角戏，它往下传承可能有难度，为什么？曾经在当年的滑稽戏当中通用的一些语言、一些好笑的桥段，现在的新上海人可能听不懂，听众本身发生了变化，包括我们本土的语言也是，一方面我们要求语言的国际化，但是如果上海的孩子全部都不会说上海话了，本地方言的生命力何在？在上海，很明显感受到语言国际化的汹涌态势。有海外学者或客商来上海，也许他会讲一点中文，但如果你接待这样的外宾直接讲中文,往往会被认为不礼貌。这应该是个问题吧?刚才我们说的是咖啡和茶,反衬到语言上,就有一个母语与外语的关系问题。我知道您的英文很好,而且花了很多时间去学。

陈:我自己是临近退休了,想去学一些自己喜欢的东西,比如说书法,比如说钢琴。同时我又想去进修一下英文,就去咨询了英孚,我发现有很多同我年龄差不多的也在那里学,有的是因为儿女去了国外,不希望"香蕉人"的孙子不能和他对话。现在不是有一句话嘛,只要有太阳的地方,就有中国人;只要有中国人的地方,就有上海人,而且上海人的特点是相容性比较好。很奇怪,地理上越是往南的人语言能力越是强,也许因为开放度高。南方人很容易接受北方的话,可能很关键的一点是南方交通发达,大都市来的人多,所以听的语言品种比较多。国内的方言也是南方的比较容易听得懂北方的。

这和上海人的生活方式,以及包容、前卫的风格都是有关系的,所以历史上"洋泾浜英语"很盛行,就是从这里面出来的。为什么会有呢?在那个年代里,"红头阿三"有不少在上海讨生活,要拉着黄包车把客人送到不同的地方,他们要和老外交流,就要会口语,除了他们之外营业员也有必要学习外语。前几天我到屈臣氏,看到老外在那里买药,实际上是买一送一,营业员不会说,就叫他再去拿一个,比划说"two,

two",这个老外就更听不懂了。我正好在旁边,就告诉他这个是半价,"buy one get one free"。你说"two",他就会纳闷为什么一定买两个呢?这种时候学外语就是工作的需要、交际的需要,还有就是生活的需要。

上海的国际化程度很高,目前至少也有20所国际学校。现在的大同中学、格致高中等,交换生很多,我家里就有交换生来住过。美国学生,他们就是要吃面包,你偏偏请他吃小笼包,那就没法沟通了。他要喝咖啡,你一定要他喝奶茶,这个也不对。所以从小学开始,上海就收韩国学生,到初中会收美国学生。早年时一个外国人到家里不得了,吓死人了,现在一点都不稀奇,上海这方面的你来我往比一般的城市要多得多,相应的,语言表达尤其是外语交流的能力,从黄包车时代到小汽车时代,变成了生活必备、交际必备和工作必备。洋腔洋调也是家常便饭。

常有这类事,外国人是搞不懂的,比如在美国领事馆门口,为什么不能骑小黄车?到了人行道又有一段是禁行的,也不能骑。骑小黄车要下载APP、要身份证,很是麻烦,他们也搞不懂。我上次碰到了几个日本人在全家超市门口,死活要去拽那个摩拜单车,因为在日本这种车是不锁的,为什么上海的共享单车要付钱?他们以为拽两下这个锁就可以解开了。外语在这样的场合就是符合实际的需要,上海人下功夫学外语有这方面的原因。

实际上你在这个城市里生活，你要去角角落落的地方，我觉得仅英文 ABC 还不够。买一送一的问题、开锁的问题等常会遇到，你都要会说，所以警察、商店的营业员等都有必要去学，总不能比当年的黄包车司机还不如吧。

黄：所以你觉得作为一种工具，作为交流的需要，上海的外语热是很正常的？

陈：对。

黄：您刚才谈到的实际情况我完全理解，但如果这种现象发展过头，会不会有一天外语（主要是英语）足够强势，以至于我们完全疏忽母语，丧失了文化情感的土壤？据我有限的了解，这两年高考改革，英语可以考不止一次，分数也由原来的 150 下降到 100，而语文还保持在 150 分。这也许是一种对母语的维护，我很乐见其成。除了工具之外，我们中国人，恐怕还是用母语更容易传达内心的情感和幽微之处，您觉得我们该如何避免出现中文水平退化、本土方言快速流失等问题？

陈：很多事情都是有两面性，比如说在全球化的进程中，失去了多样性，比如说在强势英文教育的潮流下，失去了本土语言的优势，这种担忧是存在的，中文确实还需要进一步推广。语言是很重要的思想统一的方式,如果一天到晚靠翻译,和维吾尔族的兄弟无法直面交流,又怎么保持民族团结呢?但是也不能说为了统一,就把维吾尔族语言给灭了。各民族自身的语言肯定也要保护。2017年7月27日晚,上海沪剧节闭幕,在浦东源深体育场,一千个人一起唱沪剧。沪语戏还是很有市场的,《金丝鸟》《铁窗泪》《屋顶上的马戏团》等都是好作品,电视台也有沪语节目,如"小百搭"舒悦的《嘎山胡》,而现在很多"80后"的孩子,沪语发音都不对了,出生证变成了"畜生证",图片变成了"肚皮",出了很多洋相,现在我们公交车报站名,都是用上海话报一遍,普通话报一遍,实际上也是在努力推广沪语,包括广播电视台、地铁公司和公交公司等,都在想办法,我们自己策划的沪语节目也一直在努力。上海申请国家级非物质文化遗产,你说不申报沪剧申报啥?

语言是活的产物,严格来说,沪语没有文字,不像广东话,还有很多的文字,生活中一直用这个词,有就有了;生活中一直不用,也就慢慢地没有了,比如钱,上海人喜欢说成"钞票",以前是讲"铜佃"。可见,沪语一定是活在生活里的,不少外来语也是生活气息和时代气息很浓的,比如老虎窗(roof)、水门汀(cement),现在的孩子已经不知道这两个外来语了。只要用,本土语言就在,只是有些使用频率比原来低了很多。

所以我们有意识地要去恢复一个城市的语言生态,这是应该做的事,政府也应该关注,作为上海市政府,不关注的话你就失职了。因为本土语言和本土文化是息息相关的,粤语和广东的文化一定息息相关,如果苏北话没有了,淮剧就死了,所以我们有意识地恢复和保存语言的活态传承,使用频率越来越低的话,任何语言都会慢慢消失。曹可凡、茅善玉、王汝刚,他们都是在很积极地推广沪语,现在的很多电影、电视剧,如《欢乐颂》《上海王》里都有沪语出现。我觉得《上海王》拍得比《罗曼蒂克消亡史》要好。不管是外地的,还是上海的作品,要想体现上海文化,里面的主角和配角都要会讲两句上海话,现在这一现象越来越普遍了,而且还比较主动。今天影视作品里的上海人已经不是被小品演员巩汉林"弄坏"了的上海人,很正面,说的是上海普通话,有一点"沪普"的腔调,比如"我不来事的呀"。

黄:这是上海话的问题,还有一个是宏观意义上中文外文的关系问题。举我身边的例子好了,8月初上海社会科学院有个小型代表团要去比利时,参加联合国教科文组织举办的首届国际人文科学学术研讨会,参会人员有1 000余人。香港中文大学的熊秉真教授是会议非常重要的联络人,她希望我们上海社会科学院能单独组织一个讨论会。因为得知这个消息很晚,我们学者也来不及专门写一篇符合大会主题的论文,只能就自己熟悉的研究领域和已经写好的相关文章来参与。据了解,在我们单独组织的主题为"文明比较与中国道路"的小型讨论会上,共有四位发言者，我是其中一位，做哲学研究，另一位是做历史研究的，还有一位做"一带一路"研究，最后一位是香港大学的，做的好像是中西比较研究。我提出了一个建议，既然我们都是中国人，在比利时完全可以用中文发表观点，现在还没有得到回复。十几亿人使用的中文，怎么说都不是小语种，况且中文也是联合国规定的五种工作语言之一。毕竟母语更加有利于表达学者的思想。不管这个建议能否获得认可，我还得把已经写好的中文论文翻译成英文，准备好 PPT。这个过程实际上是比较花时间和精力的，再怎么字斟句酌，我不可能像使用母语那样流畅地使用英文的。我的优势还是中文，这是一个非常朴素的事实。为了国际化，为了尊重别人、别国，我们已经很习惯地去付出。在上海这么一块地方，现在我们怎么看中文学习和外语培训之间的矛盾？您说得特别好，本土文化包括语言，大家很努力地在保护，整个中文的情况又如何呢？复旦大学吴晓明教授强调中国学者要摆脱"学徒"的心态。西方是我的老师，你会的语言，我一定要会，要不然无法和你对话，那现在倒过来说，在上海文化的建设中，有没有可能倡导对话者而非学徒的心态？我是和你平等交流的对话者，在重要的国际会议中，我们可以理直气壮说中文，只要有一个超级联系人（同传或人工智能软件）辅助即可。

陈：你说得很有道理，联合国为什么需要同声翻译呢，就是起这样一个桥梁和纽带作用。

黄：在上海召开的国际会议除了领导致辞外，一般也要求中国学者发言用英语。这种状况我个人觉得需要改变。2015年去美国参加会议，我的发言主题是跨文化交流与自我意识，我采取的办法是大会发言用英语，提问环节要求会议主办方请一位翻译。会议论文中规中矩，可以准备。互动环节说中文，回答问题更加体现活的思想。翻译是华人，在美十几年，交流效果很好。我已经尊重了你的语言习惯，你也应该尊敬我的母语。这是一次尝试，一步一步，我希望逐步改变这不对等的状况。我想和您讨论的是，上海能不能在这个方面有所引导。文化自信不是说着玩玩，墙上挂挂的，应该有实际的行动。

陈：你这个问题很好，这个问题就是我们自己文化的自信和自觉在哪里？我是主办方，当然是用中文讲。我们倡导现在的领导干部，不要用翻译，不要用司机，不要用秘书，文是自己写的，话是自己说的，车是自己开的，这些都没错。但我们自己主办的国际会议，我是主人，在主场，确实有个自信的问题。在中国，在上海，在此时此刻，这是我的城市，我是主办方，那么客随主便，我有同传，当然是使用中文。申报世博会、奥运会那是另外一回事，要用别人理解的方式使别人知道我的不一样。我们主办亚信峰会,难道习近平主席致词要讲英语吗?没有道理。

黄:对啊,有些外事工作者,在这个问题上有时候用力过度,喜欢安排一些中国人秀英文的活动,我个人觉得不是很妥当,甚至没有必要。培养好一批高效的翻译官也许更加符合实际,吸引更多的外国人学习中文也许更有效果。当然,软件开发也很必要。

陈:特朗普今年春节期间让他的孙女说了一回普通话,也算一种姿态。在国际交流场合争取说中文的权利,在上海的各类国际会议上把说好中文当成一种责任(借助同声传译),也许这就是你所说的文化自觉,是国际化中需要坚持的一个方向。

黄:上海可能比别的地方做得好,但是上海作为一个国际文化大都市,自信究竟来自哪里?不完全体现在我的生活方式已经足够的包容、足够的国际化,你的思想以怎样的方式来表达也很重要。国际会议上,上海人当然不会说沪语,但是用最熟悉、最贴切的母语表达,也是自信、从容进行文化交流的一部分。

陈:对啊,我们主办的活动,说我们国家的语言,这是一个文化主权,你在我这里参与活动,我还要迁就你的语言吗?

我给你配一个翻译服务就可以了，我的领导人，我的专家学者，就用我的母语来说话。记得诗人席慕蓉感慨：我已经不能用我的母语来说话了，可我还是草原的孩子啊，挺遗憾的，揪心啊！既然如此，还说祖国是我的母亲，这是很虐心的。

黄：洋派是需要的，但是我比较赞成您说的这个观点，因为工作、生活、交流需要，洋派只是工具。不要让人觉得，我说的你都听不懂，给外来人的生活造成了很大的不便，但是工具不等于目的。

陈：对啊，我就是为了让外国人能够听懂"买一送一"才去学的，我要告诉日本人共享单车下载了APP，先付199元再用才行，为了这个我去学，这是提高交往能力的一种方式。但在上海主办的国际会议，我不一定非得说英语，我不讲上海话就已经蛮好的了。

黄：对，我们主办的会议，就要让你喝茶，不一定给你咖啡，实在需要我也可以给你备着。茶也是一种很好的选择，哪一天到了这么一种程度，文化上的自信才会回来，因为有了平视的眼光。讲到中国历史，不仅仅是明清以来的大变局以及西强我弱的那一段吧？我们有魏晋风度，有盛唐气象，有南宋以来江南经济数百年的繁荣，摆脱长期以来的学徒思想，更加自信一些，不是更好吗？

陈：还有一个很重要的，你不能东施效颦，为什么这么说是有原因的。比如我和故宫的前任和现任院长都讨论过这个问题：在故宫里摆星巴克是不是有问题？外来文化和本土生态毕竟有一个适配度，强扭的瓜不甜。在故宫的外面可以有星巴克，但是在故宫里面硬生生放进一个星巴克，你想想是什么感觉？上海的豫园商城里有星巴克，我觉得是可以的，它可以做得古色古香，和商城的总体风格还是很贴合的，但是不可能在豫园的内园里做，因为这已经不是包容不包容的问题，是不协调，是乱点鸳鸯谱，就好像是头戴瓜皮帽，下身穿西装，你说对得上吗？完全不靠谱。

黄：包容也好，兼容也好，或者是开放也好，本身有一个文化生态的底线，就是要相容，要和谐。我们讨论的外语是中文还是上海话只是一个角度，反映了背后和侧面的价值取向。就如您说的，不忘本来，吸收未来，赢得的是有自信的未来，否则忙乎了半天，都变成了别人思想和文化的跑马场，那就得不偿失了，我们不要那样的国际化。

陈：美美与共，就是要各美其美，才能有天下大美，就是因为有了多样性。如果把我变成了你，把你变成了我，就是你也不是你，我也不是我了，在故宫里面放一个星巴克就是不对的，在豫园的内园里面放，这个也是不对的，上面是瓜皮帽，下面是西装，这个肯定更不对路。

黄：但是这种文化上向洋人看齐的现象和倾向还是有的。自觉不自觉地，总感觉比人家矮一截。回到刚才说的语言的国际传播，有些事情需要我们有意识的去倡导。不能老有一种穷人家请客的心态，尊贵的客人来了，要竭尽所能服务好、照应好，甚至不惜做出丧失自我的行为来。出钱出力，客人的感觉未必是好的。

陈：对啊，你迷失了自我，你也不是你，他也不是他，那他到这里来干什么呢。

黄：还有一个问题，国际化对一些正在发展中的国家来说确实有一个模仿引进依样画葫芦的过程，但对上海这样一座国际化程度比较高的城市来说，这个国际化不是为了把自己变得和别人一样，而是用别人可以理解的方式告诉别人我的不一样。所以您是不是觉得咖啡馆与茶馆其实都可以去，聊天、学习、交五湖四海之友，是浮生闲情，也是文化交流的绝佳场所，因为找到别人理解的方式需要各种知识。这个观点您同意吗？

陈：同意的。前面我们已经讲了很多了。

黄：我也常去星巴克或者类似有星巴克氛围的各种书吧，那里的咖啡不见得最好，但一大杯拿铁、一个牛角面包总是相似的。但确实心底里更喜欢中国味道的清茶一杯，自有作为中国人的缱绻和恋念。国际化应该是敞开让星巴克进来，进来后又知道茶舍之难得，学习旁人又让人懂得自己的美好。用在上海这座城市的特色和味道上您是不是觉得也很合适？上海离这样的自我意识您觉得还有多少距离？我开放让你进来，我有我文化的包容度；另一方面，让你进来，也是为了让你有机会来见识我的好，您觉得有什么好的办法可以让人更好懂得上海的好？您是怎么看这个问题的？

陈：从做生意的角度来看，中国市场给了星巴克很大的机会，人多市场大，老外简单的数据就是十几亿人口，一人喝一杯就不得了，他忘了有很多农民其实是不喝咖啡的。我想星巴克也不是洪水猛兽，也不会来了以后，就会把所有的茶馆都消灭掉，我们一夜之间也开了几百家的奶茶铺，有卖咖啡的，也有很多是不卖咖啡的，这种兼容发展的态势使得现在很多的奶茶铺比咖啡馆要兴盛，因为成本更低，又不需要磨豆，不需要特别高的调制技术，方便就行。咖啡则需要花功夫调制。
所以国际化意味着要敞开心胸，迎接一些不同的东西进来，同时又像树种一般，落地生根，还要看土壤，最贵的未必是最好的，最适合的才是最好的，是适合大家聊天的还是适合第三空间概念的，有一个选择和优化的过程。比如说各种年龄层有各种年龄层的需要，各种职业有各种职业的需要，今天腻了，我就泡一下茶馆店。不管是附庸风雅还是什么，很多的人开始寻找这种清雅的地方，应该说也是可以的，是各美其美的差异化的发展。

在这个发展过程中，各美其美才会一点点呈现出来，有咖啡馆，有奶茶铺，奶茶铺一般是坐不下来，直接打包就可以走了，咖啡馆则是可以坐下来休息的，茶馆也是可以休息的。现在出现的很多新东西，如狼人杀等，也不用怕，爱打牌的人还是照样打牌，几百年的麻将也没有被消灭掉，成都的茶馆也照旧很兴盛，麻将铺到处都是。上海也是有自己另外的消费方式和生活方式，所以我们不用过于担忧。可能在一段时间里，咖啡店和茶馆的比例会有比较大的起伏，但是就好比时髦外婆的衣着会变成孙女的时装，道理是一样的，多少年的高领变成了青果领，真不用太发愁。

黄：今天我们讨论的问题都涉及传统与现代、本土与国际化、自我意识与文化自信之间的关系，如果用几句话来总结一下您刚才的想法，您会怎样概括？因为我们虽然谈的依然是都市文化，但是都市的人原本不在都市里，需要面临传统和现代、本土和国际化的冲突，并在处理这些关系的过程中获得文化认同。

陈：一定要我概括的话，我还是认为习近平总书记的"三个来"最贴切。"不忘本来"，你这个城市是什么，东海之滨，东方明珠，是一个海洋城市，海洋文化的聚集地，只能从本土文化出发。然后是"吸收外来"，一定要吸收外来，不吸收外来就没有变革，就没有创新，没有创新就没有未来，所以一定要在不忘本来的同时吸收外来，这样才有自己的自信，我这个城市一直是开放的，开放了以后，你没有灭了我，我还是我，这个就是海派，不管是从唐古拉山脉流下来的水，还是太湖里的水，到了这里都流向东海，我就是一个海洋城市，我就是一个流向大海的地方。不管是日本人、美国人、还是韩国人等，到了我这里，没有灭了我，我还是海上的一个城市，同时又是一个吸收外来文化的地标性的城市。看改革开放的成果要看上海，看现代文化也要看上海，上海是外来文化和本土文化结合得最好的城市。

所谓比肩，即比肩的过程中，还是有多样性的文化，你有各种生活方式，可以在这里吃西餐，也可以吃小笼包，还可以吃菜包子；可以吃空军灶，也可以吃陆军灶；可以系爱马仕的丝巾，拿LV的包包，也可以去七浦路、香港名店街，或是自己的步行街。你有你的百老汇，我有我的剧场，不管是剧场，还是电影或是剧作，包括作家喜欢的这些东西，我们这里都有了。但同时，我就是我，你不可能把我变成纽约，把我变成东京，把我变成荷兰，这不可能。"三个来"，还是关键词，你不能忘记上海是什么，也一定记住上海需要什么，然后才能创造上海的未来。

对谈之四
火车、月台与新上海人

时间：2017 年 10 月 7 日（星期六）
13：00—15：00

地点：思南路 8 号 KACAO 咖啡店

黄：我们今天会有两个小话题，第一个是关于新上海人，第二个是关于小众文化。前面三次我们专门聊了上海城市文化，讨论过艺术和道德的关系、小资情调和第三空间等话题，还谈过不少有关文化建设和发展的内容。这次我想先和您聊聊新上海人这个话题。不知您注意到没有？自从韩正书记骑共享单车以来的一段时间，投资者、消费者和媒体再掀议论热潮。上海社会科学院专门有学者对共享经济与都市文明建设之间的关系进行了分析。如今尘埃落定，也就那么一两家垄断了整个市场。抛开资本运作和市场分割等不那么文化的因素，您觉得共享单车使用过程中出现的种种不规范甚至完全失范的现象与新上海人来了又来、不断涌入的客观现实有没有关系？

共享单车使用过程中，出现了把车扔到水里、把车摞起来，小学生没扫二微码违规骑车遭遇车祸丧生等种种乱象。这些失范行为肯定也有土生土长的上海人的份儿，大部分是不是与新上海人有关？这样的议论和疑问不时听到。很想听听您的看法？

陈：你10月1日把希望讨论的几个问题发给我以后，我想了一下，也许可以和整个城市文明的历史进程联系起来考虑。正好是国庆假期，不妨把话题扩大一些。我们学习过人类社会发展史，都很熟悉五种社会形态。但1949年之后，中国不是按照五种社会形态严丝合缝地对照着走过来的，全国各个地方发展的不平衡性也很明显。

黄：确实如此。

陈：比如说大小凉山，那时候有奴隶制，西藏也有农奴制，而上海是开埠比较早的。像上海、广州这样的海洋文明城市是五口通商的，1840年以后被迫打开，所以它比其他地区和省份更早进入了半殖民地半封建这样一种社会形态。从半殖民地半封建、农奴制甚至中世纪那样的基础和状态一下子直接进入社会主义，你能想象是怎样的情况？这样一辆"大车"往前拉的时候，它在不同的月台可能有不同的表现，你明白这个意思吗？比如说我们这辆车有各种各样的人，有的是穿西装、扛皮箱的；有的是拿着土布、花布做的包袱的，直接进入了一个火车站，然后这个火车站停靠的站台是不同的，不像现在高铁站都是做成一样的了，但原来的火车站各有不同，而且下车的地点都不相同，上来的人也不一样。打个不恰当的比方，就是说我们如果是一车不同的人去到了一个不同的站台，然后又上来一批完全不一样的人再往前走，这辆大车就是要穿隧道、过山洞、跨河架桥，过山辟路。在车上的人必须方向一致，有的是乘客，有的是火车司机。如果大家维护得好，这个车就会跑得远，而且车上就会比较干净。如果维护得不好，可能车上会发生随地大小便等不文明现象，你明白这个意思吗？

黄：我明白。

陈：我一直想用火车往前开的例子，来说明我们应从什么样的形态出发去建设城市文明。我常常要转述这句话，是一位很熟的法国朋友说的："你们应该很自豪，你的爷爷这一辈是梳辫子的，你的奶奶外婆是裹小脚的。"我自己的外婆在山东老解放区，她是"解放脚"，就是在五六岁的时候把裹着的小脚一点点放开、再放开。我和我弟弟去摸她的脚，就说："这样怎么走路？很痛的吧？"到我们这一代人，不可想象爷爷他们是留辫子的，也不可想象我们小时候奶奶还是半裹脚的。这话题听上去有点远，但实际上很近，也就不到一百年。如今，我们已经弯道超车，直接进入后工业化时代。

在这个时代当中，刚才那个火车和月台的比喻很适用，甚至城市交通必需的红绿灯也可以说明问题。开车怎么会需要这么多的红绿灯？在他所处的地方原来是没有红绿灯的，而且路这么宽，哪里需要红灯停、绿灯行，走路还一定要看绿灯才能走？

我今天刚刚从家里过来的时候,淮海路、常熟路口碰到一个警察抓住了两个外地游客,说他们过马路闯红灯,罚款20块。这两个年轻人没有争议,就给了20块,我特地拍了照片,先是一个辅警拦住他,然后一个交警让他在警亭子里面交钱,他们说:"在我们那里闯红灯是很经常的事情。"我举这个例子想说明,交通法规是每个开车、走路的人都应该遵循的最基本的法规。从这个角度来说,前面你讲到的共享单车为何会出现那些乱象,是不是有一个野蛮生长期?郊区不投放,全部集中在市区,为什么?郊区是最需要共享单车的,但对资本和市场来说,投放郊区不挣钱。放在市区一天十几次使用,当然广告效应更大。

黄:那倒是,我以前对这一点是比较忽略的。

陈:所以在共享单车这件事情上,行为失范不能归于新上海人还是老上海人的简单划分,很多人都会失范。它是一个社会快速进入城市文明的过程中心理失范所导致的普遍性的问题。至少我是这样认为的。

黄:您觉得没有"新""旧"之分?

陈:没有"新""旧"之分,闯红灯也是这样。但是在城市文明熏陶中逐步成长起来的人会好很多，比如说我们的下一代，也就是从爷爷奶奶、外公外婆往下数，我们的下一代他（她）从小就知道红灯停、绿灯行，他（她）从小就在城市文明的氛围里长大，他知道穿马路是有可能付出生命代价的。你用共享单车这样一个交通文明的问题切入，我还是很赞成的。我在人大发言也这样讲："我们永远要记住三淋淋的教训，才可能生动地普法"。在城市文明建设的过程中，交通规范的普及和教育一定要做到三淋淋，什么叫"三淋淋"？第一是当事人血淋淋。生命只有一分钟的遗憾，他就血淋淋了。第二是家属泪淋淋。如果你不闯这一分钟，不就活着了吗？生命中不可耽误的一分钟。第三是执法人汗淋淋。今天早上我碰到的违规事件，执法人很累但也要把违规者拦住，汗淋淋地把他拦住，教你在城市走路应该怎么走。今年上半年上海的快递小哥死伤179个，就真实具体地说明了红绿灯标识的规范性意义，马虎不得。

黄："三淋淋"的警醒确实厉害。

陈：快递小哥这个行业很大，在大街小巷穿。如果今天只是送一件衣服，他一条命就没有了。他一天才挣多少钱？这条命无价对不对？所以说如果"三淋淋"事件能够少一点，那么城市文明的进程就会快一点。我刚才说起今天早上碰到的这一对小夫妻，明显他们原来是没有城市交通规则方面的意识的，他们不是在城市文明的熏陶中长大的。就好比说他原来是在乡下开拖拉机的，他可以在乡梗小路上开，也可以在大马路上开，车子也不多，很爽，凭什么红灯一定不能过？他没有这个受约束的习惯。而我们在城市中长大的小孩，小手牵大手，不停地告诉他"红灯停，绿灯行"。然后他还要教育他的爷爷奶奶和爸爸妈妈。

黄：对，这也算是一种"反哺"。

陈：孙子辈会倒过来说："你们不能走的，很没腔调的，人家都不走，你为什么走？""老爸，你这个不对的。"他有自己的是非判断了。这样的城市文明浸润出来的孩子，如果与从来没见过红绿灯的孩子比，成长的文化生态是不一样的。当然不能简单地怪那些孩子没见过世面，总有一个过程，这就是城市化和文明化的过程。生物进化如此，人化和化人也是如此。

黄：很巧，在我们访谈后的第二天，碰巧在《我是演说家》栏目中看到了一位女大学生关于"体面"的演讲。大意如下：10月1日长假第一天，多少人赶着回家看望父母，有一个人家的家人没有等到他回家。那天他开车在高速公路上遭遇车祸，人被卡在驾驶座里出不来。旁边有人告诉他一定要挺住，救护车马上就到。这是他临终前听到的最后一句谎话，因为本应畅通的应急车道被完全堵死了！10月4日，还是因为应急车道被堵死，一个孕妇流产了，他的孩子被阻挡在来这个世界的路上！现在物质条件好了，我们可以享受假期，这是很体面的生活。中国的高速公路超过10万千米，出行越来越便捷，也很体面。但高速公路上发生的那些事情一点都不体面。不走自己的路，再让别人无路可走，堵住的不是路而是命。高速公路也许是当代中国最好的隐喻：奔驰在通向成功的路上，随手抛扔垃圾，随处找空隙钻，谁都嫌自己跑得慢，最后谁都走不掉。体面的体字，不正是人本吗？守好做人的本分，才能有体。日本小朋友被告知，在洗手间洗手，不能把水甩到水池外面，一是保持环境整洁，二是防止别人摔倒。这个细节的养成教育就很有效也很重要。体面不是外表华丽，而是心中有他人、有环境的自律行为。也许每一个人的内心都曾有突破规矩的冲动，一般的道德训诫、网络呼吁不管用的情况下究竟怎么办？在德国，非法占用应急车道，最高的刑法是坐牢。在新加坡，如果在公共设施上乱画乱涂，要鞭刑伺候。国庆长假期间，交通违规事件，海南省1 300多起，江西省3 000多起，浙江省19 000多起！中国的交警采取罚款的方式处理这一类事件，我们确实看到了处罚的力度在增强，但最好是常规化的管理而不是一段时间的集中整治，要让每一个公民为自己不体面的行为付出代价，负起责任。我们盼望过上体面的假期,大家都不敢占用应急车道,自觉地避让急救车辆。法律健全、执法必严,我们得体,国家才能有面。

上面所引用的《我是演说家》的材料启发我进一步思考,经过文明熏陶和濡染的人,相对来说规则意识要强一点,但从有效性和可持续性上来看,个人的修养和私德与严格的交通法规执行下的公德还不完全是一回事。很多失范现象并不在于不知,而在于不去践行,扬善惩恶的制度保证还不够。

陈:对。

黄:回到新上海人的话题上来,即使第一批新上海人被熏陶好了,也被制度约束得比较体面了,为城市进一步发展和提升提供了新鲜和活力,但很快,第二批、第三批甚至更多批接踵而至,总有措手不及,总是力有不殆,熏陶需要时间和耐心。也许就是那些不断涌入的新人成为不懂规矩的"这一个",而且不可避免。您怎么看?

陈:这个现象不奇怪,恐怕全世界都是如此。

黄:您觉得没有什么例外?

陈：今天的纽约、巴黎、伦敦、东京，不能说这些情况不存在吧？这些都是上海要去比肩的大城市。

黄：您说到这里，我想起10年前和同事去东京开会，确实也发现了美中不足的街头即景。

陈：这些城市我都去过，总体状况可能要好一点。乱穿马路的人如有机会跑到伦敦，跑到我前面讲的那些大城市去，行为会不会自觉不自觉地收敛一点？打比方说随地吐痰，他在自己国家吐和跑到人家那里吐，是不是感觉不一样？在别人的国家随地吐痰，那些鄙夷的目光更甚。为什么？环境不一样了。他跑到伦敦去吐了一口痰被罚了，然后跑到新加坡又吐一口，又被罚了300新币，他就感觉承受不了。然后他会想：所有的人都不吃口香糖，我为什么要吃？我吃了口香糖，没地方扔。在这种情况下，他就会有行为的约束，这种约束就是外在的因素内化于心了。这是靠什么？靠环境对一个人的改造。为什么中国人到国外行为会稍稍检点一下？正是环境使然。当然，也有乱刻字的，"谁谁谁到此一游"，然后就被大家口水吞没，要被人肉搜索，说坍了中国人的台，舆论风向标促使他自省。

现在有人脸识别系统，很容易发现你是否为附近的居民，也可以找到你的身份证。即使找不到你，红灯就在那里亮，识别系统一直在显示，对你都是一种行为上的约束。环境对人的改变是很大的。如果我们一拨一拨的上海人，不管你是新的还是老的，自觉维护了环境，知晓在原来的地方能做的事情在这里就不能做，这应该成为一种良性的流动。来了一拨又来一拨，是见贤思齐，是环境逼着人不断改变和适应。对新上海人，这种改变的力度确实比自小生长在上海的人要大一些。如果我们的城市不断进化，始终保持高效的落实文明规范制度的执行率，一拨又一拨的新上海人就会越来越好，守信用、爱体面、讲规矩。如果整个文化生态是松垮垮的，制度执行也缺乏强度，那么原本基础好的人群也容易变坏。所谓从善如登，从恶如崩。

黄：交通文明是我们切入新上海人话题的一个角度，还真没想到可以延伸开去聊这么多。我 1998 年来上海工作的时候还不大听到新上海人这样的说法，近年来这个词的使用频率倒越来越频繁了。语词是一个不设防的城堡，从中也许可以发现时代和社会不经意却深层的一些变化。如果请您给新上海人一个定义，或者描述下您眼中的新上海人的大致特征，您会怎么概括？他们在城市文明素质的养成当中，起着怎样的作用？一方面，前面您已经讲到了，整个的环境熏陶使新上海人和"原住民"的素养进入一个良性循环。另一方面，他们本人作为新的群体，对于整个城市文明的建构和养成又充当了怎样的角色？您如何理解新上海人？

陈：新上海人现在的构成比较复杂。我们有高端服务业和低端服务业，如果说得比较中性一点，就是现代服务业和传统服务业。现代服务业当中包括很多你说的"陆家嘴男""张江男"，也就是很多金融男和科技男。金融男和科技男里面相当大一部分来自新上海人。

黄：张江高科技园区刚刚建起来的时候，基本上就是新上海人聚居区的代名词吧。

陈：上海传统服务业中很大一部分从业者来自新上海人，包括环卫、餐饮、扦脚、家政钟点工、护理员。高端的可以上九天揽月，离不开科技男和金融男。相对基础性的行业，新上海人的贡献也不能小看。要定义新上海人，首先需要了解新在什么地方？是知识层面的新还是户籍的新？还是人群分类的新？就是说他到上海几年才算新上海人？5年？还是一辈子有新上海人的印记？究竟怎么区分还很难说。大部分人约定俗成，应该是来了没多久。入了沪籍的就算新上海人？如果没有入沪籍的，只能算到这儿打工？所以划分很有难度。不能一言以蔽之地说个清楚明白。但是有一点我可以谈谈，就是本土居民在上海的总人口今天大概不会超过10%。这个本土是指他原来祖上就在这里的，在金山、青浦、崇明等地的"原住民"。我做过很多调研，因为每次有机会受邀去各个区县讲课时，我就会有意识地问他们:"你们祖上三代全在这里的举手?"不超过10%,至少我这两年讲课得出的结论是这样。还有一件很有意思的事,我在全国各地调研或讲课时喜欢问一个问题:你在可以选择性居住的条件下,从出生至现在有没有动过窝?少说也有20多个班级吧,全国各地的,答案是动过。

黄:基本上都挪过窝?好像应了那句话,树挪死,人挪活。

陈:是啊,都挪过窝。因为听课的人全在城市里,没有自留地了,所以没有不流动的。这就带来一个问题,我们怎么区别新上海人?我觉得至少有两个标准,一个是职业,一个是来上海的年限。
应该这样说,通过读书上大学,通过应聘,通过考试、招生,不管他是公司考试,还是公务员考试来上海的。以这些方式留下来的,还有一批传统服务业就业的,这些新上海人的比重恐怕以后会越来越多,越来越大。因为原住民的上海人都垂垂老矣。

黄:您的意思是自然更替的规律导致了"原住民"比例的缩减?

陈:是,自然的生理更替,代际的交替。真正的上海人很多出去了,上海人喜欢留学,留学以后就在国外发展了,客观上实现了梯度性人口转移。一批又一批新上海人进来了,"原住民"老的老矣,走的走矣。两相比照,新上海人的比例自然越来越高。上海本来就是个移民城市,20世纪,不管红帮的裁缝,还是餐饮,浙江人最多;传统服务业里,江苏苏北来了一批,解放以后山东又来了一批;解放上海的部队,老解放区的居多。在整个城市发展过程中,一批又一批的劳动模范,如果仔细去算比例,也是新上海人多,你信不信?

黄:完全可以理解。

陈:劳动模范人群里最多的就是新上海人。我们以两个民工为例,一个是朱雪琴,另一个是黄蓓。

黄:朱雪琴就是被选为人大代表的那个?

陈:对,她就是纯粹的一个纺织女工,服装业的普通工人。先是在服装企业做衬衫,然后自己变成老板,读书学习,成为劳模。黄蓓,算知青二代,她一半是上海人,一半是外地人。大专生进了上海,现在在闸北区担任一个街道的居委会主任。更不要说李斌这样的数控机床标兵,更是出类拔萃。

黄:我在担任第九届和第十届上海市党代表期间都听说过他们

的事迹，确实是在平凡的岗位上塑造了不平凡的人生。

陈：我们市委宣传部的一个副部长朱芝松也是新上海人。

黄：现在好像调去担任闵行区区长了吧？

陈：闵行区区长、区委书记，他是航天系统的全国劳动模范。

黄：好像曾经是哪个研究所的所长？

陈：是航天研究院的院长。他们就是新上海人的代表。劳动模范级的新上海人既有高科技领域的，也有传统行业的。以他为例的航空航天、医药生物等行业人物一大堆。

黄：应该是新上海人中的佼佼者。

陈：扫厕所能够扫成五星级厕所，做全国劳模；从事航天事业可以做到全国劳模，够意思了吧？所以我说现代服务业和传统服务业，都离不开这批人。否则上海这列火车的月台就固化了，车子也就不往前开了。

黄：我可不可以做个比方？最近我在看香港中文大学熊秉真教

授曾经写的一本书《童年忆往——中国的儿童史》，她在书里聚焦明清时期儿童教育、护理等方面的素材，讨论儿童史的可能。一般的历史学研究和书写中看不到妇女和儿童的身影，在整个的教育、文化、生活的过程当中，除了日记、护理记录当中有他们的一点影子以外，很少留痕。作者力图为儿童写史，聚焦明清时代的各类图画、笔记、文人通信等文献资料，认为：童年史，其实是孩子和成人共同建构的。因为那个日记里留下来的孩子的欢乐忧伤是成人眼中的，跟真正的儿童心理还是有距离的。但是这些写法和观点还是会潜移默化影响儿童的。也就是说没有单一的所谓儿童史，而是两个不同的人群共同建构的。把这个观照的视角用到新上海人与城市文明建设这个话题上来，可否说今天上海的城市文明成果实际上是新旧上海人共同建构并沉淀的？新上海人不在这座城市的文明积累之外？

陈：这个观点我同意。

黄：一代一代的新上海人在城市文明的养成过程中，与"原住民""次新上海人"等共生融合在一起。这个过程不断不尽，是上海文化开明睿智的魅力所在。

陈：确实有一个逐步融合的过程。

黄：融合，也许是文明建构的一种方式。

陈：新老上海人互相影响。

黄：我想强调的是新上海人参与城市文明的建构不完全是被动的。

陈：这一点在上海的相关政策制定中已有体现，应该是明智之举。上海没有建所谓的农民工学校，而是把所有包括农民工子弟、移民过来的三峡子弟等打散了安排到各个中小学。就像有伊斯兰教信仰的孩子到上海读书学习也都是散居的。上海是移民城市，所以采用的办法就是彼此融合，海纳百川的过程就是融合的过程，涓涓溪流点滴汇成，不管是闽江过来的，还是雅鲁藏布江过来的，到了这里大江小溪都汇入东海。上海，好比"漏斗"，各种不同人群各种不同成分，全部在这个漏斗里融合一遍。所以你可以在今天的上海发现一个非常有意思的现象，祖上是东三省的也好，是安徽的也好，宁波的也罢，没有区别的，也不成什么帮派。上海儿童艺术剧院制作了一个儿童剧，有人说："我们要组织民工子弟看。"我明确告诉他："你不要提这个口号。"这是歧视。所有的儿童都是一样的，适合哪个年龄段的都一起来。目前为止，可能只有一个例外，就是《冰山上的来客》，国家民宗委一定要请新疆的孩子来看，对我来说压力还蛮大的,我要把这些散在奉贤、南汇、金山等各个学校里的新疆班的小孩全部找过来,一起到文化广场去看这个戏。还是有点风险的。上海在平等意识和规则意识上总体还是做得很好的。否则,一上来就设立民工子弟学校,很容易让这些孩子背着沉重的思想负担。你是农二代,我们不给你敲这个图章,而是将你散在各个班级里,分布在各个年龄层次里。

我现在经常在上海市人大培训中心理发室理发,理发师就很为他的孩子难过。他说:"我孩子出生在老家,很小时就被我带了过来。我在这里剃头剃了 20 年,他基本是在这里长大的,也算是'上海人',但在这里却不能读高中。"他这个孩子说:"为什么这样对我?我跟上海的孩子是一样的,为什么要回老家上高中?""我为什么要回去?人生来是平等的。"孩子很是郁闷。我考虑了一下,给这个理发师支了一招,让他回去问孩子:"喜欢上海吗?"他很喜欢,表示跟老师、同学都处得很好,现在没办法,要回老家上高中。因为按照打分他进不来。我建议理发师和孩子好好讲:"好好考,你回到江苏,对你的要求很高,江苏的教材和我们的教材起点不同。"读完高中,可以考上海的大专,上海有很多面向全国招生的高职。"你想回上海吗?我们有高职,高职来了以后可以有蓝领就业的可能性,你想回上海就好好读书"。理发师回家就把我说的话照本宣科给儿子说了一遍。他后来还专门把儿子带来理发室,很巧我又去理发,还碰上了。我就跟他讲:"孩子,你一定要努力听爸爸妈妈的话,回去考试没办法,这是制度规定。因为你没这里的户口,你回去可以先考高职,考了高职你可以留下来。至少比你爸爸妈妈打分落户的空间要大。"这个理发师儿子的梦想,是不是很鲜活的一个案例?这个孩子必须对自己有要求。上海对新的劳动力的吸纳也是有要求的,不然特大型城市的发展就会有问题。

黄:我知道一味的道德温情解决不了实际问题,城市功能的承受力毕竟有限。

陈:这个理发师的孩子听进去了,据他父亲讲,孩子很努力。

黄:刚才我们聊到城市文明有一个逐步建构的过程,而且是新上海人积极参与其中的过程。进入城市生活自有门槛,新上海人在门槛之内给这个城市注入了活力,承担了很多老上海人做不了的事,那是正面的价值。您觉得作为一个整体,新上海人还可能存在着哪些不安定、不稳定或者逆社会的因素?是这个城市比较忧心和焦虑的地方?

陈:刚才我已经说过了,任何一个移民城市恐怕都免不了这一面。比如说你现在到纽约去,有些区可能比较安全,而有些区则不一定。即使在曼哈顿，你也觉得在这条街上安全，那条街可能不安全。跑到拉斯维加斯，还有枪杀案，还是白人所为，而不是波多黎各人。

黄：我印象中布洛克的许多侦探小说里命案的发生地都在纽约。

陈：正面与负面如影随形，活力与风险同在。除了高科技犯罪，即使在传统服务业中也存在不安定因素。

黄：倒也是，最大的优势所在，也隐藏着可能的弱点和问题。

陈：卖菜的结成一伙，卖药的结成一伙，送外卖的也结成一伙。你说有吗？肯定是有的，为什么？他想垄断，他想黑吃黑。好在上海公安的力量还是比较强，而且好在我们有很多朝阳区人民群众，他们会举报这些不良案例。

黄：我一点都不怀疑。

陈：除了朝阳区人民群众，我们上海爷叔也很厉害。上海交响乐团的刘健，30 年前我就认识他，他原来在乐团当指挥，典型的上海爷叔，你要给我拍照？好啊，他就摆一个 pose 让你拍,他还是上海当年的"十大优秀青年",很帅的。那时碰到一个外地来的小姑娘,骑助动车把人家撞倒了,逃逸。刘健就骑着自己的"老坦克"(当时还没有共享单车)追上去把她拦下来,然后教育她说:"你撞了人,怎么还逃跑?"那个女孩子很生气,说:"关你什么事?"还报警说大叔骚扰她,拦住她不让她走。路过的群众都指责这个女孩子。这个女孩子开始还讲两句不正宗的上海话回应,后来不行了,家乡话全出来了,骂大街了。一骂大街以后,旁边好事者录下视频,然后在网上直播。我正好看到这段视频,推荐给了市文明办。

黄:这个上海爷叔蛮厉害。

陈:他后来被选为"上海好人"。开始我还不知道,一看面孔,还真认识。我跟市文明办的同志建议关注这类现象。为什么?这是见义勇为,他骑自行车追过去,居然有人给他拍小视频!你说这也是个奇迹吧?人家女孩子骑的是电动车,他骑自行车,结果还能把她包抄下来!类似这种情况,要有教育,要有惩罚,要惩恶扬善。善的就要鼓励,这种上海爷叔值得称赞。在地铁里碰到随地吐痰的,有一位老伯伯善意劝阻,那个吐痰的年轻人说:"你上海有房吗?上海房子我比你多,我买了几套房子。你有房吗?你没房,我就吐痰了,我吐给你看,我就是土豪。你说我不是上海人?"这个老伯伯就笃悠悠的,也不跟他讲在上海有没有房，就坚持："你这个行为不对的，你为什么在位置上吐痰？"吐痰者还是不停地骂这个老爷爷，这个老爷爷温文尔雅地、很有教养地继续劝导，吐痰者继续振振有词："我比你牛，我有好几套房，我是上海人。你这种人被淘汰了。"类似这两个例子可以说明，不是说你有钱就是优秀的上海人、优秀的城市文明人。那个开得起电动车的小姑娘称不上优秀，那个在上海买了多套房子的年轻人称不上优秀。而"上海爷叔""上海老伯伯"的行为足够体面，堪称优秀。这些都是非常鲜活生动的案例。

黄：衡量文明的标准不是你拥有多少财富或者读到什么学位。到一个陌生的国度，如何判断其文明程度？我记得一位作家是这样描写的："当你踏入一座城市，只要凌晨1时还有女孩子在街边独行，这个城市就是安全的；当你拨打110，警察能够在10分钟内气喘吁吁赶到你的面前，说明这个城市的公共部门是高效的、负责的；当你站在马路的红灯路口，发现市民都不敢越雷池一步，说明这个城市公共管理是有效的，市民是文明的；当你走进酒楼、夜总会的停车场里，没有发现一部公车，说明这个城市的公务员还是比较廉洁的……"

我们回到新上海人这个核心词上来。当时提出新上海人这个概念的时候，某种程度对出生成长在上海的群体来说其实已经是一种区隔和分别。就像我们在国外读大学，说中国人也是少数族裔一样。当提到新上海人的时候,对这个人群跟整体的上海是分别对待的。新上海人的规则意识、法制观念甚至语言习惯等总有这样那样的评价,正是这种评价和判断使这个人群与上海之为上海的整体性有所不同。新上海人的称谓好像时时提醒初来乍到者:你还不了解这个城市,你需要好好学习,从头适应。但是从您刚刚举的例子当中又可以发现,假如你一直是那种状态,就算赚了很多的钱,你跟整个文明的脉动还是有距离的,这个"新"就不一定是新旧的新了。

陈:老上海人也有很多不像话的。比如说穿着睡衣就出门了,头上顶着发卷逛街,也有随地吐痰和乱穿马路的。有些老上海人说得难听一点就是短缺经济时代长大的,什么都要抢,不抢好像就不行。这些都是问题。我举个例子,上海世博会期间排队,最不守规范的就是这批老上海人,好像上火车就要抢火车上的行李架。这种我没抢到就等于失去的心理,老上海人中的比例也不小。我很同意你刚才讲的,文明进化过程中新和旧还不是主要的辨识度。

黄:出现新上海人概念的时候其实是有意无意在作人群区隔,但是假如新上海人融入不了整个城市文明,对整个文明的进展也没啥贡献,这个新就不是新旧的新,而是变成了落后于时代和文明的例外。

陈：也就是说，你没提升过。火车开走了，你还在那个月台上。

黄：新，相当于次新、相当于老旧，新上海人的衡量标准，可能当时还是比较模糊的，是不是也带有一些负面的意思？

陈：刚开始的时候，带有一定的贬义。老上海人有一种海派的优越感，他们是原居民，你是新的物种，你这个物种带来好东西就算了，你还带来这么多坏习惯。总之，manner 不好，行为举止、待人接物就不好；manner 不好，其他东西就容易被淹没掉。

黄：我还有一个感受，相较于"新上海人"而言，"外地人""乡下人"等这些词带有的负面意味更重。

陈：原来上海人看外地人，所有不说上海话的人统称外地人，最早叫"乡下人"。但显然外地人已经今非昔比。

黄：从乡下人、外地人到新上海人，称谓的变化正是上海对外来者观察视角文明化的体现。

陈：变中也有不变。对于外来的一般游客，上海仍然说他们是外地人。在这里长期居住，变为同事、同学、邻居了，才会被认为是新上海人。所以我说新上海人的判断标准之一是年限，你长期住在这里，我们就是一伙了，英语里称"we are one"。当然还是有区隔，我是老的，你是新的。现在上海对外地来的叫"乡下人"已经不太有了，真还不叫了。后发展有后发展的优势，现在你到合肥或者南京去，人家新建的地铁比上海好，公交路牌比上海好看得多了。上海已经用旧了的东西，在其他地方还很新的。上海人现在有点闲钱，出去玩了，看到了全国各地快速发展的成果，不敢小觑。原来上海人的优越感很厉害，觉得上海的东西都是全国最好的，上海全比外地好，现在跑出去一看，不全是那么回事。跑到哪里都有一条步行街，跑到哪里都是高楼大厦，回来一看也不过这样，也没有像原来想象的差距那么大。现在的二三线城市甚至三四线城市，整个形象都在发生很大变化，早就不像 small town 了，都市化程度很高。

黄：称呼上的变化，反映了心态的变化。心态的变化，可能缘于我们原来很多本土的上海人的后代与新上海人结了婚，成了家。至少这样的一种称呼，一方面固然是区隔，但是另一方面也是逐步靠近、认同的过程。

陈：是的。

黄：还有一个问题，关于新上海人的代际差异。我想说的是20世纪90年代，其实有一批新上海人从全国各地过来，参加上海的建设。

陈：你说的是浦东开发吧？

黄：对，就是大开发。21世纪初也有一批人来，在陆家嘴。现在有更多的海归涌入。

陈：包括张江高科技园区。

黄：现在涌入的更加年轻化。20世纪90年代、21世纪初和现在，不同的新上海人，您觉得他们之间是否有一些代际差异？他们同样被叫作新上海人，其实是几代人了，几代人的这种差异，让您感受比较深的是什么？无论哪个层面的新上海人，刚才您也聊到过的，实际上存在户籍制度和身份认同的冲突。身份上他认同上海，户籍上没有存在感。当他的身份认同和户籍制度发生冲突，而上海不可能让任何一个对上海文化充分认同的人都变成上海人。因为资源不够，空间有限，上海撑死了也容纳不了三四千万人吧？这是一个比较纠结、难解的问题。

陈：我要借用一下你们刚卸任的王战院长的话，他很有先见之明。20年前他就提出大都市圈的概念，总有一个核心城市，然后旁边建很多small town，这些small town就是卫星城。聚焦北京的京津冀，聚焦上海的长三角，还有珠三角、重庆、成都那一块，其实就是不同的城市群。城市群有什么好处？进可攻退可守。

合肥不算东部城市也不算西部城市，但是这两年你去合肥，你会觉得合肥这个城市倒蛮宜居的。为什么？那里有中科大，现在很多高科技不是依赖北京、上海、深圳，而是在不东不西的合肥。我最近去了一次合肥，很有文化底蕴，旁边有三河古镇，一个镇上出了两个有分量的人，杨振宁、刘秉璋。安徽是人才荟萃的地方，又是徽商会聚的地方。跟它临近的这些省份和周边的城市就容易发展起来，吸纳了劳动力，网罗各路英才，有很多海归就到合肥去了。成都的角色和地位也有相似之处。要疏解大都市的压力，需要有一个都市圈的理念和政策设计。你硬要把贵州拉进上海是很困难的，现在我们搞援建合作省份竟然把大连一起算上了！大连已经是沿海工业城市。东三省，黑吉辽，以哈尔滨为龙头，全部带上去，可能更加合理。长三角以上海为龙头，南京离上海也不远，尤其是太仓、无锡、苏州、昆山、常熟这一溜都是不差的，就比京津冀好多了。卫星城镇的圈，越来越接近于二线城市，越来越都市化，上海、北京、广州、深圳的压力会大大缓解。因为城市化的进程当中，这些都市圈内的城市辐射力很强，吸纳劳动力和缓解居住能力也很强。本来生活习惯很接近，文化也很接近，这样就可以均衡发展。只有这样，上海这样特大型城市的压力才会慢慢变小。

另外你说到新上海人的代际问题，最老一代很能吃苦，筑路的也好，开饭馆的也好，端盘子的也好，或是洗头妹也好，他们那一代吃得了苦，流得了汗，包括算得了账。在金融业刚刚开始的时候，他们没日没夜地干，应该说是可以吃苦打根基的一代。第二代来的年纪更轻。

黄：我想起来了，20世纪90年代到深圳、上海等地打拼的人确实不是刚刚毕业的大学生。

陈：是的，从上海奔到深圳去创业的差不多要40岁左右。浦东开发开放的时候，也是三四十岁的人过来的。现在不是这样的，而是大学毕业就留下来了，20多岁就来了。再下来的新新人类，小学就来了。

黄：老鼠搬家，跟着爹妈来。

陈：年轻化的一个好处是和上海这座城市的相对融合度会更高，他不会是在一点也不了解的情况下就冲进来。他来的时候五六岁，这时就开始就跟这个城市共生了。有点像我们现在选行道树，梧桐树从小就开始种，慢慢长上来。香樟树长得很慢，与这个城市共生长。年轻化的另一个好处是语言的能力也更强，不像上一代来的时候上海话一句也听不懂。现在这些新上海人即使不是生在这里，也是长在这里，这些小孩将来肯定比上一代的发展前景好，他更了解上海，manner 也会更好一点，破坏力相对也小一点。但是回过头来讲，他对身份认同的渴望更高，或者说他的这种纠结会比上一代更加严重。他上一代来的时候，自己是有认知的，我不是上海人。

黄：我到这里主要是讨生活，上一代不曾奢望留在这个城市。

陈：新新一代就不是简单的讨生活了。就像我前面提到的理发师的这个小孩，他觉得很奇怪，我不是跟你一样长在上海吗？我跟你一样进小学的，我凭什么要回老家去？他的习惯和认知已经本土化了，他对身份认同的渴望肯定比上一代更强。

黄：刚才您谈到的方案是用都市圈的发展战略来缓解户籍的冲突。

陈：至少这样他可以有身份上的多元选择。

黄：这是一种退而求其次的选择。当然我也知道这些二三线城市已经发展得有模有样了。所谓的 small town，早已不是远郊区的概念，而是很好的城市群落。即使有这样的退路，新上海人还是想待在上海。不仅认同这个城市，还希望得到这个城市户籍上的认可。他自己当然要奋斗，成为特别优秀的人，但假如说他觉得已经很努力了，算不上特别出挑，为什么就没有理由存在下去？心理上会有非常委屈的感觉。如果是这种情况，二三线城市不想去，还是想待在这儿，怎么办？20 世纪 90 年代基本不会遇到这类问题，他们是做好准备打道回府的，甚至回到出生的老家都可以。但是如今的新上海人，故乡大概只能活在想象里了。

陈：确实跟上一代不一样了。他即使有故乡，也不是想象中的故乡，他没有在那里生活过、长大过。就像海外华侨的侨二代，对他来说中国最多是母籍国。我为什么回来？那是父母的故乡，不是我的。

黄：我很敬重的一位历史学家杨国强先生曾经说过："只有升起来的才是太阳！"他激励年轻学子力争上游露峥嵘。但最优秀的人只是少数，对于大多数到上海来打拼的新上海人，他们的身份、他们的困惑也要实事求是地去面对。

陈：这是个难题，一大批网络作家正面临这些事情。我一直帮他们呼吁。网络作家你知道的,在网上发表文章,他在家里照样也可以写。但他们会说:"在上海写,感觉这个城市的呼吸就是不一样。"前两次我们聊过第三空间的话题,在家乡小镇里面的小空间,他找不到灵感。一样的咖啡馆,小镇上可能只有一家。跑到上海、北京,我可以无数家"乱窜"。网络作家一天要码几万字,他们的生存碰到很多问题,包括过劳死。成天宅在家里,身体出了状况别人无从知晓。虽然上海对他有足够的吸引力,但是居住是很难的,有房租问题、养老金问题、他将来生病的医保问题,等等。上海在2014年成立了网络作家协会,这也是跟传统作家协会很不一样的。网络这一批作者很痛苦,他喜欢这座城市的氛围,他觉得这里有灵感、有冲动,又有可以创作的空间,自由呼吸,但是也有太多实际的束缚,因为好多问题一下子还解决不了。你说的这些身份冲突,这些孩子身上最严重。他们不是洗头妹,不是发廊里的洗剪吹。

黄:完全是新的业态。

陈:听上去蛮好听,是作家。但实际上他是上不着天、下不着地。他做出一定名气,做成很知名的作家,倒可以个案处理。但大部分不行,毕竟码到前十位是不容易的。所以这样一大批的人,这个人要解决挂靠养老金的问题,那个人要解决医保的问题,另外一个人要解决居住证,各式各样,每个人的情况又不一样,有的是大学中文系毕业,有的是中专生。他们中有一个姚鄂梅,得过奖,俞正声书记亲自关心过,户口问题也解决了。

黄:还是个案。

陈:还有一个姓刘的作家,作品确实也有影响,户口问题也解决了,基本属于各个击破。但这个群体的数量不小,不是一丁点人。他们变成了城市的夹心层,回不去又难以进入这个城市。

黄:他不能回去的,回去就写不出东西。

陈:第一写不出东西,第二没有认同感,他自己对故乡没有认同感,故乡对他也没有认同感。现在回过头来讲,城市的包容度,对他们这批人应该采取什么样的政策?北漂的人都在影视圈,实际上很多海漂倒在文学圈,他不是在影视基地里面做路人甲。文学圈里面的海漂生存状况不是很乐观,确实需要政府,包括市政府和区政府,对这些文学青年多点爱护。你想当年的茅盾在上海,当年的巴金在上海,当年的沈从文在上海,包括后来去过北京的丁玲、萧红、萧军,哪一个是上海人?都不是。所以文学圈里的这些现在称之为"大师"级的人,原来还都是新上海人，都是没有户口的上海人。所以，海漂的这些文学青年将来说不定就冒出个大师来。

黄：若干年以后成为大师，还真不好说。身份的这种纠结，当年《北京人在纽约》里歌手刘欢演唱的主题曲《千万次的问》表达得淋漓尽致。

陈：以《新民晚报》为例，《新民晚报》的创始人也都不是上海人。

黄：我记得，作家陈丹燕好像专门写过她的父辈这一代，与《新民晚报》相关。

陈：陈铭德和夫人邓季惺。

黄：这个我倒不熟。

陈：他们这一批人，在上海办报的这些人，包括史量才。

黄：是高等法院的吗？

陈：不是，是《申报》的史量才，《新民晚报》和《申报》的这些创办者都不是上海人。

黄：实际上作为一个文化中心，上海还是被各界认可的。但是作为户籍的上海，大家比较纠结，这是事实。

陈：对。我们不能小看城市夹心层里正在纠结徘徊的这些人。他们中的某一位、某两位，也许在若干年以后，成为大师级的人物。17年前的王安忆你能看出她会有今天的影响吗？

黄：没有这样的预测大师。"文章本天成，妙手偶得之"。

陈：不能一棍子打死。我和你说起过的，作家金宇澄写："阿毛在弄堂出生了。"人家就点"后来呢？""阿毛上学了"；"后来呢？""阿毛结婚了"。未完待续了十年，写成了《繁花》，摘得了茅盾文学奖。文学青年的成长过程比较缓慢，他不会像甘肃八骏，一看就是气吞山河、指点江山。不是这样，他比较小资、比较唯美，凉水泡茶慢慢浓。

黄：好，这个问题我们先聊到这儿。对新上海人您的理解我比较认同。我印象中的老上海人实际上是指已经有比较成熟的文明样式和修养方式，跟新上海人之间，有一个互动和建构。您觉得究竟怎样互动比较良性？我们撇开身份、户籍等不可抗力，他们之间究竟如何相处为好？或者换句话说，什么时候上海人对所有外面来的人，不再叫新上海人，不再叫外地人？您觉得比较理想的状态应该是怎样的？

陈：往大处讲，包括一国两制，实际上就是这样共生共荣的过程。我们说统一台湾，包括香港人不要搞"港独"等，都有一个良性互动的问题。如果中国大陆、中国内地的GDP总量、国民收入与台湾、香港地区相比，差距非常大，这种情况下你说你要台湾地区回归祖国实现统一，人家一定觉得你是在抢它的资源，你要"占领"它，你要使它"被共产"，搞人为的平均主义。按目前的发展态势，就没有这样的担心和顾虑，谁怕谁？我要吞并你干吗？没有你，我活得挺好的。回过头来，我们看香港，除了少部分人头脑发热，稍稍心气平和一点就不难了解：三天不供水，东江的水不去香港，香港人就渴死，还包括鸡蛋、猪肉等，所有的东西全是中国内地供应，一天8万辆卡车！这是实实在在的内地对香港的帮助，可能大过香港对内地的作用。50年以后，互动会更加良性，大家平起平坐，还吵什么呢？基本拉平。

我们把这个例子移植过来讲，不管你是安徽来的，或是贵州来的，还是大连来的，抑或是黑吉辽来的，大家最后慢慢"扯平"。你进来喝茶，大家礼让，走路大家看红绿灯。我不比你差，学历我跟你差不多，收入我跟你也差不多。谁也别看不起谁。差别不是很大的情况下，不存在莫名的优越感和莫名的自豪感，在这个时候，我很认同这个城市，新来的也很认同这个城市。这样才是各美其美，美美与共。我要到你这里来，我就要认同你的美，我跟你的品位和判断差不多。你到我这里来，你要喜欢我的美，你要跟我和谐、合拍。当然这是一个过程，不断不尽，包括对乡下人的理解，原来一直说外地人是乡下人，现在就不讲了，觉得乡下挺好的。我还想到乡下养老呢。

黄：这样会把整个的心态放平和了。

陈：对，心平气和。他不会戴有色眼镜看人家，外来的人也不需要仰视，我跟你一样的学历，一样的manner。不用自卑，当然也不必自傲。用一国两制来讲好像高大上了一点，意思倒是差不多。

黄：20世纪90年代邓小平确实提出了梯度发展理论，沿海城市先发展，然后逐步推向内地。经过这么多年的探索，梯度之间的差异渐渐缩小，即使还有差距，也不至于仰视才见。

陈：可以平视。

黄：在这种情况下，其实新上海人与老上海人之间应该不会再有太多心理上的分隔。

陈：不见得要完全一样，失去各自的特点。否则这个世界太单一了。比如说"黑吉辽"还是有"黑吉辽"的白山黑水，东北人还是东北人的风格，比如说讲义气、嗓门大，跑过来就要上酸菜。上海人比较平和，礼数多一点。广东人讲究养生，这都很正常。没有差异就没有美了，但是现在整个物质生活基础差不多，彼此也就没有太多心理上的落差。

黄：对，确实如此。

陈：广东人最喜欢约在外面吃饭饮茶。慢慢地，上海人也喜欢在外面吃饭，家宴绝对稀罕，绝对给面子。原来上海人居住的小区环境乱哄哄，但小家倒别有洞天。现在情况发生了很大变化，大家基本上都有公益心，垃圾分类等相对也还自觉。"你住的小区那么差，你也好不到哪里去"，上海人现在会担心因外环境的负面影响导致他在公众心里的形象。不管是租给别人还是自住，大家对小区的爱护越来越好，是不是一个进步？

黄：各家自扫门前雪的现象大大改观了，这是事实。

陈：原来常住这里的人，全是工人新村，都是熟人社会。现在是陌生人社会，所以搞邻里中心，恢复一些人际关系。我上次到虹桥调研，居委会里的社工要穿溜冰鞋的，为什么？一个小区2千米，溜冰比步行肯定快多了。像罗马议事厅一样，有市民议事厅，就是一种自己管理自己的方式。这种情况越来越多，新上海人功不可没，如碧云社区、虹桥社区等，还不仅仅是新上海人，应该说是新中国人了！老外也在其中。那个议事厅里面就有一个马来西亚的，一个欧洲的。我都看傻了，像个联合国一样，是真正的国际社区，虹桥一大块，碧云一大块。碧云在浦东，虹桥在虹桥机场周边。这一大批新人跑过来跟邻居讲："你这边不可以这样，你不可以吵。"你在家里搞 warming party，manner 很糟糕，自然遭到非议。渐渐地，自律意识增强了。

黄：还有最后一个话题：当下的一些新上海人，他们在婚恋、理财、养老等方面，应该有自己的一些特色。我想跟您聊的是，我们怎么看待新上海人？因为很多新上海人是外国人，还有新上海人是我们传统意义上的北方人。如何针对这样一批新上海人，创作适应并且回应他们情感需求的文艺作品？我观察到上海文化广场在受众人群的选择上逐渐聚焦到"80后""90后"，引进国外音乐剧，打造本土作品，都十分注重潜在观众的培养和审美熏陶，这是一个值得肯定的探索。

陈：曾经有一部电视剧，它原来的名称叫《新上海人》，后来我建议把名字改成了《新都市人》。你想嘛，如果叫"新上海人"，广东人可能就不看了，杭州人也不看了。编剧后来听取了我的意见，真的把名字改为《新都市人》。这部剧叙述的是一个苏北人的成长经历：他先是做快递，但起初城市交通两眼一抹黑，他就把地图背下来。在做好了起步阶段的传统服务业之后，他开始考虑下一步发展。因为他是县剧团出来的，县剧团的这些把戏，如翻跟头、劈叉、唱歌模仿力等基本功还不错，就参加了《一笑成名》的节目，这个《一笑成名》就是《笑傲江湖》之类的选秀，后来夺得《星光大道》的冠军。选秀改变了他的命运。当然剧本还不是那么精雕细琢，更像个人自传，播出以后影响不是很大，但反映了新上海人的一种生活。

另外上海还编过《打工兄弟》这样的话剧，导演实际上是很有思想的人，但这部戏的立意还值得推敲。讲的是民工兄弟打工时被欠账，因为是三角债，讨钱又讨不回。整个故事都在一帮人干活的那个工地房子里发生，吃喝拉撒也在其中发生。然后来了一个记者采访他们，采访播出后，讨薪的问题才得以解决。幸好记者曝光，否则无路可走。后来我跟导演讲："你这个立意比较低，不是只有民工有性饥渴，部队也有的。性饥渴是主题吗？好像不是你写《打工兄弟》的本意。你把讨薪和性饥渴放在一起，怎么讲也讲不顺。"我就觉得是个不算很成功的案例。如果讲文艺作品的话，探索和尝试还是不少的，比如《起飞在即》。

黄：是一个纪录片吗？

陈：不是，是话剧。还有《东方大港》，是一部电影，讲深水港的。电影有生活原型，就是彭瑞高的那部作品。《起飞在即》所说的全是新上海人的经历，高科技行业。《东方大港》拍摄时，韩正书记专门到现场去探班。我所讲的这些作品可能你连听也没听说过。《起飞在即》后来在全国巡演了，在上海的影响还不是很大，但确实是在努力传达某些想法，它没有刻意地去讲某个特殊人群，而只是希望呈现那一批深水港建设者的追求、牺牲和贡献。你说得很对，这个题材是一个富矿，关键是怎么去挖？不要挖出来的都是路人甲，而新上海人期待塑造的是主人甲，否则整个感觉就没有了。路人甲，依然是游离在外面的身份，我是过路的，打酱油的，打完了就完了。

黄：我们小时候看过上海的独角戏，包括上海的一些相声，虽然可能带着一种揶揄的口吻，感觉有一点取笑的味道。但是把当时在上海讨生活的人的神态和生活展现得活灵活现。我倒不是说现在一定要回到那种喜剧样式。但接地气的风格可以借鉴。

陈：根据人民饭店 3 号服务员经历改编的《满意不满意》就是这样的作品。还有王丹凤演的《护士日记》，以及当年的《乡村日记》《大李、小李和老李》都是这样的作品。

黄：包括您聊到的网络作家群、张江男，以及把所有的保姆组织起来的中介机构，都要通过一定的艺术样式体现他们的情感心理和价值追求。

陈：确实需要。

黄：上海吸引了这批人过来，相信也会有反映他们心声的作品。

陈：《黄山来的小保姆》《田教授家的 28 个保姆》，实际上涉及这些行业。

黄：如果我们再去塑造相关人物时，肯定要超越这个层次。拔高或者矮化都不正常。新上海人是上海文艺创作的一个重要题材。如何开掘、深化可能需要进一步思考。很多有丰富阅历也出过好作品的作家本身不是如今意义上的新上海人，要他非常准确地描摹人物也许有难度。可不可以认为这也是一个创作瓶颈？网络小说的那种非现实性码字狂想另当别论。

陈：是的。就像当年写《平凡的世界》的路遥，生活体验扎实。

黄：他是到铜川煤矿下井的，我读过他写的创作札记《早晨从中午开始》。

陈：他要了解当县委书记应该怎样？跟着县委书记到基层视察。像聂耳当时写《卖报歌》，就跟小报童一起去卖报，他写《义勇军进行曲》，就自己跑到前线去。当年的好作品都来自作家生活的体验。老一代艺术家赵丹，为了演好《鲁迅》，就穿着鲁迅的衣服睡觉；演《武训传》，就穿着武训的衣服蹲着吃饭；为拍好《海魂》，我是听牛犇和谢晋讲的，把自己绑在桅杆上面三个月，体会惊涛骇浪。写的人和演的人没有生活体验，情感和灵感就不会喷发如泉涌。

黄：我很期待新上海人的生活会有好作品去反映，更期待写这些作品的人要感同身受。比如说金宇澄写《繁花》，长乐路、瑞金二路一带全是他熟悉的，从小耳濡目染，所以就信手拈来。所以，《繁花》一面世，我就感觉十分亲切。这不是上海社会科学院附近的街巷里弄吗？作者真的把头低到尘埃里，再从尘埃里开出花来。我是1998年从北京来上海的，也算是比较早的新上海人，可以体会这个概念的渐次变化。从单位的集体户口变成买房后的淮海中路街道居民,而我儿子的同学就遇到过类似您前面提过的那位理发师儿子的困境。与其写霸道总裁腹黑虐恋,不如扎扎实实回应这个时代的变迁。

陈:这个好像比较难一点。

黄:我知道比较难。

陈:霸道总裁和"我是主人甲",看点击率的话,肯定选霸道总裁,比较容易得分。

黄:我希望有反映整个群体的文艺作品,并不是为了搏市场的眼球,与霸道总裁比拼吸引力,而是从艺术的角度有必要体现这个人群的价值追求、情感心理和身份冲突,其实这也是上海发展中非常重要的一个阶段。在此过程中,新上海人不仅面临职业生涯的压力,上海社会科学院有一位学者,也是上海市政协常委,去年提交了一份政协提案并获得认可,他建议"把临终关怀纳入医保"。之所以会提出这样的方案和建议,更多考虑的是独生子女这一代人,考虑"90后""00后"。到人生的最后一个阶段,我怎么解决这一阶段的经济、社会和精神归宿问题?中国传统伦理是以家国同构为基础的,修身齐家治国平天下,最新一代人面临的社会结构与传统生活不可同日而语，孝道的实现方式也大相径庭，所以最为实际的问题确实与医保相关，人生最后一个阶段基本都要在临终关怀医院度过。值得欣慰的是，这个提案今年已经开始落实。

陈：其实就是护理院，它主要针对生活完全不能自理的老人。但我个人觉得对这个事情也不能太乐观。机构养老目前只占三种养老模式中的8%，92%还是居家养老和社区养老。

黄：上海社会科学院那位研究员之所以有这样一个提案，是因为他认为：未来孩子的价值观肯定跟我们不一样。

陈：实际上也是没办法，只能社会养老。一对独生子女（夫妻）对4个、6个甚至8个老的，让他们怎么办呢？爷爷、奶奶、爸爸、妈妈、外公、外婆，由一对小孩来管，怎么管得过来？

黄：新时代新变化总会呼唤好的文艺作品，对新上海人的打拼，对他们精神层面的关注，这方面我个人还是很期待可以看到更多好的作品。

陈：涉及临终关怀的一个话剧叫《长生》，是2016年上演的，也许因为作品比较小众，还没变成一个热点，所以你不一定关注到。前面提及的《起飞在即》，恐怕也只有航空人在关心。《东方大港》呢，造桥修路的人更关心。关心《打工兄弟》的就更少了，而《新都市人》也是播过就算了，没激起太多的浪花。

对谈之五
小众、新媒体与机遇空间

— 对话时间：2017 年 10 月 7 日（星期六）
15:00—17:00

对话地点：思南路 8 号 KACAO 咖啡店

黄：新上海人的话题刚刚聊好，我们接着说上海的小众文化。这个内容我们可长可短。虽然做价值观研究多年，也关注青年亚文化现象，但对小众文化没有专门研究。前几年，在上海社会科学院领导的领衔下，做过关于上海民营博物馆的调研，算是有过一点接触。走访了 10 来家民营博物馆，尤其看了杨惠姗的琉璃博物馆后，增加了一些感性认识。

陈：当初是 100 多个，现在肯定已经超过了。

黄：作为特大型国际大都市，大众文化的样式肯定非常多，也流行。小众文化发展的空间也不小。原先谁会关心小众文化？大学教授。一般会认为小众文化作为一个刺激和对应物，会促进大众文化逐步提升。但是我们现在想讨论的小众文化现象，不局限于文学理论的角度，也不是纯文艺的解释。网上旅游攻略里已经有"上海必去的十大小众景点"之类说法，比如多伦路、青浦练塘、车墩影视城、首席公馆、复兴岛公园、新江湾湿地、梦花街、洛克外滩源、山阴路、广富林文化遗址。当然旅游攻略毕竟有广告意味,我想知道您对上海的小众文化有怎样直接的感性认识?青岛公园、梦花街、洛克外滩源您肯定知道,就是山阴路那里。

陈:这些小众景点里倒没有说甜爱路,甜爱路比山阴路还要出名。

黄:还有广富林文化遗址。我想跟您聊聊的是,您对上海的小众文化有没有什么非常直接的一些感性认识?非常直接的,完全是感性的。

陈:我原来主管过这一块,包括博物馆。

黄:对。

陈:当时上海博物馆是宣传部直接分管的。博物馆实际上是一个城市的象征,今天就是明天的过去,是不是?今天的工业遗存就是这个城市的历史,所以今天、昨天和明天互相依存。这个城市今天有没有历史?它是不是一个空壳?是不是有负载?是不是有沉淀?博物馆恰好回答了这些问题。我们原来说上海是个小渔村,现在看来不是,因为有广富林文化,因为有崧泽文化，因为有上海第一井第一村第一人，所以我们说上海是个有根的城市。上海不是渔村，而是跟广漠的大地接轨的，我们从松江府而来，从崧泽文化而来，上海是有很大的陆地的，而且有几千年的历史，有进化的过程，快速进入城市文明的过程也就100多年。有广富林文化才有底气，广富林我去过N次，那里一会儿挖出一个构件，一会儿挖出一个古井。因为10所大学的考古队都在那里，一点一点挖出来，证明这个城市历史的渊源。在文物的断代上面我们有一个专有名词，即文化断代。我们有仰韶文化、红山文化、河姆渡文化，从中国的历史来讲这叫作文化分期。在祖国大家庭里面上海的文化分期有个专用名词——"广富林文化"。所以从文物史的角度可以更好地理解考古新发现，包括上海元代的水闸。原来吴淞江怎么变成苏州河和黄浦江，这个当中都有考古的角度、文物的角度。所以大众文化也好，小众文化也好，只要是一个博物馆承载、沉淀的，就是历史。比如说一个鼻烟壶，现在谁还用鼻烟壶？内画，现在谁还用内画？一个玻璃瓶、一个玻璃球里面画东西，画一个彩蛋，它是慢生活的痕迹，是在慢生活里曾经这样做过、讲究过、生活过的纪念，一直这么走过来。把玩件？什么叫把玩件？什么叫杂件？文物分类里的杂件就是各种各样的东西。大到橱橱柜柜、元代家具、清代家具，小到手里玩的把玩件，两个核桃都有上百年的历史了。

黄：把玩和休闲生活相关。

陈：琥珀也好，蜜蜡、玉也好。"乱世藏金，盛世藏玉"。乱世的时候藏着金干吗？逃生、变卖用的，保命用的。藏玉干吗？休闲用的，娱乐用的，把玩用的。你想如果是战火纷飞，谁还建博物馆？一定是歌舞升平、太平盛世的时候玉才值钱了。逃的时候字画无法变现，不值钱，你带着张大千的真迹也没用。所以说博物馆的兴起是太平盛世和这个城市发展的阶段性产物，没有钱的时候没有人建博物馆的。许四海做壶至今已很有名气，当初他是复原退伍军人，看中了一个壶，自己去典当了一块手表，买下来。把家里的自行车、手表卖掉，才可以去买一把不错的壶存下来，就是这么一个状况。

黄：我参观过许四海的制作工坊。

陈：大部分人是在今天有钱有闲的情况下，才开始去玩小众、玩文物。这里你讲的这个题目是两个概念，一个是文物博物馆的概念，一个是景区的概念。
譬如说我今天去武康路，武康路上有很多文化名人。武康大楼里面有王文娟、孙道临，有巴金。山阴路有什么？山阴路里边有鲁迅故居，多伦路上有"左联"。我是去看名人故居，看这些文化沉淀的。就是既要有故居式的博物馆，又要有旧居式的

对谈之五　小众、新媒体与机遇空间

35　探访越剧艺术家王文娟（左一）和电影艺术家孙道临（左二）

36　与演出后的王文娟（左三）等合影

博物馆。故居和旧居不一样，旧居指某人从前居住过的房屋，可能现在还活着，故居指某人生前居住过的房屋，现在已经故去了。博物馆里边，现在尤其魅力无穷的是民间博物馆，可能收藏有火花贴（火柴盒子）、邮票，或是很小的我们叫典籍类的纸张，但也有可能是很大件的，比如元明清家具。把玩件可能很小，也可能很大，陶陶罐罐，毕竟要占很大的地方。许世海收藏茶壶也要很大的地方，不然放不下。民间博物馆说起来门类有很多，从收藏一个瓶子、一个罐子到一个类别，把某个时代某个阶段的文化活动痕迹留下来。

所以你说到欧洲去，我比较感慨，1991年我到巴黎左岸去。看到的除了那些咖啡馆装饰上面的旧照片很有特点之外，沿着左岸的跳蚤市场，巴赫·贝这种跳蚤市场还有很多中东国家的痕迹，里边卖的，有丝绸之路、"一带一路"沿线国家都可以看到的东西，如锡壶、鼻烟壶、茶叶罐，以及现在的手链、手串等。很有意思的是，在巴黎的大街小巷上面有很多的铭牌，你可能一不小心就踩在一百多年前某个人的脚印上，也可能在整个塞纳河两岸护墙上面，突然看到一朵小花，这个小花后面就刻着谁在这里倒下。

黄：铭记一段历史。

陈：欧洲一些国家的小镇上，你可以找到卡夫卡的故居，找到马克思写《资本论》时去过的咖啡屋。

黄:我们访问比利时,当地学者就带我们去了这样的地方。

陈:比如天鹅屋咖啡馆。你到俄罗斯,在圣彼得堡,咖啡馆里有座蜡像,它好像在和你对话。然后你突然想起来那个蜡像是个诗人,哇!很浪漫。这种以博物馆的形式或者以旧居、故居的形式保留下来的印痕,看上去是很小众的东西,但很有意思。另外,电影曾经也是小众文化,何以见得?在上海的北苏州河就有那么几个文人,如《一江春水》的导演、制片,就是这么聊,聊着聊着说今天下午我们找点事情做吧,就聊剧本,聊完了就拍电影。整个北苏州河上面当年有49家电影院!不能想象吧?但是当时是很小众的。1895年世界第一部电影诞生,第二年就在上海放映。世界电影刚刚发明,上海就播放了,那时候小众吧?绝对小众。百乐门、仙乐施舞厅小众吧?肯定是小众的,因为不是所有人都可以去的。现在广场大妈在街头跳,那时候是舞厅里跳的。你能想象吗?那个时候芭蕾舞也很小众的,一个老头和老太太两个人只有一张票,最后老头去看了。看完跟老太太说:"一个男的托举了一个女的,从左边托举到右边,就是托来托去,大汗嗒嗒滴,就结束了,没什么好看的。"小众吗?但是后来受众逐步增加,影响也慢慢变大。刚开始昆曲全是在达官贵人家里唱的。从京剧普及到普罗大众,从唱堂会开始到百姓大众,从草台班子到雍容贵气,都有一个过程。越剧原来就是草台班子对不对?不管它今天是艺术化的门类还是很小众化的门类,抑或是成为很大众化的门类,实际上都是大浪淘沙。

黄:我们今天所说的大众化的样式,其实是从小众发展而来?

陈:对啊。

黄:我以前倒没有察觉这两者之间有这样深的实质性的关系。

陈:不然话剧怎么产生的?先是留学生跑到日本去学,看到了《黑奴吁天录》后跑到上海,教很多学校同学演,可见是学生社团的产物。今天话剧遍地开花。但当初就是两个留学生在玩,玩着玩着就成了现在这么大的剧种。早年话剧也就是李叔同、欧阳予倩和田汉他们在玩。

黄:不仅小众,而且高贵。

陈:很高端。所以袁雪芬说"越剧不能成为博物馆","越剧有两个奶娘,一个昆曲一个话剧"。为什么?因为越剧原来是草台班子。现在有编、导、演,还有灯光、舞美、服、道、效

(服装、化妆道具、特效),从草台走到高端。

黄:就是有个提升的过程。

陈:是有个提升的过程。原来很小众的东西它也可以大众化。上海现有12万琴童,学钢琴、学古筝的越来越多。现在都知道这不是小众,也不仅仅是自己玩玩的。当年聂耳学小提琴,是跟着白俄的音乐家学,那时候没有人知道什么是 violin。一把二胡就满桌子响了,从没看到过一个在肩膀上拉的琴。聂耳跟着白俄的音乐家学的琴,肯定小众。远东最早的交响乐在中国,是工部局交响乐团,现在已经跨越了3个世纪。经典947、市民音乐会不是很大众吗?现在我们的小学,像曹光标小学、江苏路五小都有管乐、弦乐,大同中学、南洋模范中学都有自己的乐队。本来很小众的,今天可以走到大众。所以不是说小众艺术、小众文化就没有更大众的市场,关键看你怎么做。而且小众它之所以存在,是有其合理性的。这就是我对小众艺术的理解。

黄:本雅明写过《机械复制时代的艺术作品》一书,对工业化时代和大众艺术的关系有评论。大众是跟技术相关的,跟传播、印刷、互联网都有关系。现代社会,特别是在今天,有的时候为了抵制大众文化平面化、碎片化,人们宁愿逃回一个比较狭小的文化空间里，在其中有一种自我欣赏、自我陶醉之感。这个意义上的小众文化跟你刚才说的有点不同。在大众文化越来越发展，碎片化、工业化越来越厉害的时候，人们为了追求精神生活的丰富性和品质，要逃回自我的小天地。

陈：有一个词叫非主流，现在尤其是"80后""90后"的小孩很喜欢用。只要这个电影打上非主流的旗号，全去看了。

黄：特别是网罗了一小群趣味相投的人，形成一个比较亲密的圈子，在这个圈子里面自产自销。从这个现象来讲，小众文化呈现了非主流的、疏离的状态，它的目标并非追求大众化。一个稳定的、健康发展的社会，一般都会允许小众文化的存在，但是存在的数量和程度可能会有所限制。对一些原创者来说，他们是否需要比较小的圈子，深入地探讨一些问题、研究一些东西，或者创作一些东西。是不是可以因此判断，小众文化相对比较精英，这样一种亲密的、小圈子的、非主流的文化样式，有没有可能成为孕育大师的文化土壤？

陈：这个完全是可能的。为什么？主流和非主流的也没有太深的鸿沟。说穿了个人好恶不一样，美学的欣赏不一样，还有艺术家对自己本身的美学的追求也不一样。所以你认为美的，他未必觉得美。他认为美的，你也未必觉得美。比如毕加索，你说他是大众艺术吗？原来是很小众的。他为什么会变成现代主义大师呢？高迪，他的作品在他活着的时候是不被人欣赏的。梵高，他把自己的耳朵都割掉了，如果没有他弟弟的接济，梵高就没有了。他不被正常的人群所关注，因为没有人发现他的奇才。毕加索从9岁开始画传统的题材，画得非常出色，没有这个线条基础，是不会做成后面的透视的，他的《和平鸽》在这个基础上才是合理的。高迪贫病交加，死在马路上也没有人知道。所以说很多艺术家都很前卫，很小众，甚至于只有一两个人欣赏，还不是圈子，没有圈子可言。比如说梵高，只有弟弟欣赏他，其他人都不欣赏他。《星空咖啡馆》根本没有人知道。他们经过时间的淘汰和检验，大浪淘沙，最后被大众选择了，就可能一下子成名，成为大师。大部分的大师在活着的时候没有人称其为"大师"。目前这个时代，大部分人还是活在当代。

黄：活在当下。

陈：活在当下，大部分的人没有看出他自己和别人有什么不同。

黄：不是很关心这种区别。

陈：是不是有这么个情况？今天你说文化老人都一个个离我们

远去,那么多的文化老人,比如钱谷融老先生,他是中国最早讲"文学就是人学"的。

黄:他刚刚去世。

陈:国庆节之前去世的。

黄:我在网上读到一篇很长的纪念文章。

陈:你看了我的微信朋友圈吗?回去关注一下。

黄:是华东师范大学的文学理论大家。

陈:钱谷融先生享年99岁。我在微信圈里面一般发送文艺方面的消息,回复差不多100条,但是发钱先生的消息,回复得很少。

黄:没回应?

陈:回应也不是没有,但是没有那么踊跃。对他的宣传应该动点脑筋。他是文学老人,这样的老人还有一个,就是写文学教材的徐中玉。他们两位是中学同学,又同在华东师范大学做大学老师，一辈子在一起。

黄：上海社会科学院大约 10 年前专门邀请过两位老先生。

陈：他们很有意思，家住前后楼，夫人也是差不多时间走的，两个老头在一起，一直住在华东师范大学的院子里，我去看钱先生，他说："你叫我老师，你磕头吧，你磕头我就收你。"现在想想有点后悔，我当时应该立马跪下磕头认老师。当时我是作为市委宣传部副部长去看他的，觉得他是开玩笑，所以就没当回事。否则就是关门弟子了。我举这个例子想说明什么呢？即使文学这么一个大众的艺术门类里，写作者也是寂寞的。就像你们学者冥思苦想，皓首穷经，大众未必理解，还可能会说："神经病，你去研究这个干什么？"认为你完全是瞎忙活。所以思考者和写作者是很寂寞的，他们写的东西也许很久以后，人们才会回过头来觉得：喔，原来他们的思想是很了不起的，"生命中不能承受之轻"这样的感悟是很有道理的。

黄：您刚才说的一番话，我是否可以这样理解：也许在现实社会中，大众和小众只是个分类，但这个分类也可能成为一种形态和生活方式自发形成，比如说豆瓣网上有很多小组，这些小组也是自发形成的一个小众圈子，圈子是跟网络有关。比如爱讲冷笑话的有一个小组，还有"请假借口研究所""高压锅爆

37 与文学理论家钱谷融（右）

"文学是人学",太好的定义。记忆中的老师,桃李满天下,永远乐呵呵。2006 年一起去北京作代会 8 次,相谈甚欢。宾馆的空调不好也不抱怨,相扰的事多也不嫌烦。获得 2014 年第六届文学艺术奖终身成就奖,依然浅浅含笑。宠辱不惊。在华东师范大学的教工新村里几十年不动窝,去他家里恭恭敬敬叫老师,他轻轻松松低语回应:"磕头吗? 磕头我就收你。"文学使人有灵魂,科学令人有进步。在权威不再产生畏惧的时代,98 岁的您——钱谷融先生总会让我们亲近而又敬畏。后悔当时没立即磕头,现在鞠躬已惘然。您留下的名言和名著当恩泽后代,走好! 心中的恩师。(陈东)

对谈之五 小众、新媒体与机遇空间

38 与文学理论家徐中玉(中)和作家孙颙(右)

炸小组"等。我还看到一个蛮有意思的公众号,叫"非正常人类研究中心",专门研究人类的不正常现象。因为互联网的原因,因为自发形成,这些圈子都有鲜明的特色,一个是内聚,不对外的;另一个是精神性联系纽带较强,比如说不正常人类研究中心,因为你们写的都是正常的小孩,我就写一个不正常的小孩给你看,它分析的角度都是跟你反着来的。您觉得这样一些非常小众的、虚拟的、暂时摆脱现实身份限制的圈子,会对大众的文化生活及整个城市的文化生活产生怎样的影响吗?还是它就是自己玩玩、自生自消灭的东西?

陈:我相信在这个城市里面大部分的人是处于正常状态的。值得注意的是两端,一端是粉丝经济。拼命追捧网红的生煎、网红的蛋糕、网红的冰淇淋等,造成了"网红经济"。可以为了某个明星自杀,几千块钱看他演出,最好身上签个名,这是一端。另一端,就是你说的很小众很小众,专门思考反方向的事情,叫非主流。大家抱团取暖,因为我也不大正常,你也不大正常,不正常的人凑在一块儿。这种现象出现完全正常,如果没有这类小众现象倒显得不正常了,但大部分人不会这么做。

在不经意中开出的野花比你精心浇灌的白花长得更灿烂不是没有可能。刚才举的高迪、梵高就属于这种类型,梵高是没有人关注他,没有人浇灌他,除了他弟弟。高迪也是,除了个别人去关心他，大部分人都不知道有这么个人。你说的这些圈子也是的，什么"高压锅爆炸小组"，"非正常人类研究中心"，他们觉得自得其乐，活得挺好。如果你不让他们抱团，他们的行为会更加失范，更加不容于这个社会。如果他们有些想法，愿意扎堆取暖，自得其乐，也许可能某一天，用英语来说就是maybe，not yet，他们中会冒出来一个奇葩。所谓奇葩就是我现在没法说的，也没法预料的。可能出来一个高迪，也有可能出来一个高更，可能造就一个哲学家，成为当代思想理论的典范。小众也有可能创造一个特别的机遇空间。

黄：机遇空间这个说法我很赞赏。北京就有一家机遇空间网络科技有限公司，创始人是胡世辉，他们专注于为都市人群提供会客、活动、社交空间及线上线下服务。
文化生活中是不是存在这种现象？看起来是一个社会包容非主流的文化价值，而实际上文化生长的那种意料之外的成果，或者意料之外的发展，正是主流社会文化样式的一种补充？确实可能存在有心栽花花不发，无意插柳柳成荫。宽容的意义正在于此。我想知道一个大致的比例，正常的主流方式培育和发展出来的人才，跟小众的补充性的方式发展出来的人才（杀出一匹黑马），哪一块比例更大一些？您怎么看？

陈：这是规律。大部分可能是主流方式培育出来的人才。为什么我刚才举例子说钱谷融老先生？正是要表达这个意思。现在有人否认社会科学，说社会科学不是科学，只有技术科学才是科学。那我们要设立社会科学干什么？法学也可以不要了，经济学也可以不存在了。应该看到文学使人有灵魂，科学使人类进步。自然科学可以促进人类进步，社会科学也能促进人类进步。这个判断当然不能照搬照抄到大众和小众的关系上去，在大众和小众的问题上估计一般的二八定律还是会起作用，就是说大部分人会认可大众美学。我们大家都认为皮肤白一点，眼睛大一点，鼻梁高一点，嘴巴小一点很好看。但是也有人很奇葩地说，眼睛一线天，鼻子要塌的，嘴巴大的就叫美，那是不是小众的审美？大众审美和小众审美之间是有差距的。大众的土壤上培育的往往比较艳丽，不是奇葩类的。

但是你不能否定，打比方说有很多设计师初出茅庐，不可能直接进到Ferragamo、LV这些大牌公司，进入米兰参加秀。但是他们的设计做得很奇葩，你不能否认他们的设计很有灵气，可能就是在主流设计没有关注他们的时候，悄悄地长出来了。他们第一次设计作品可能在七浦（cheap）路，说不定若干年以后他们就进军到意大利米兰。

黄：中签率比较低一点，但不是没有可能。我们眼中正常的审美、正常的判断，这种才华，会在大众文化发展的道路上涌现出来。小众的要么不出来，要出来绝对就是奇才？

陈：因为他要脱颖而出是不容易的。

黄：或者打个不恰当的比方，从主流文化发展路径上出来的人才，如果他也是人才，我们可以说是孔子眼中的"中等之材"。小众文化路数出来的人，起来的概率很低，但是冲劲很足、质量很高，或许属于孔子眼中的"上等之材"？层次他是非常的高、少，而且奇。您会不会认为一个特别有创新力、特别有冲击力、特别具有突破性的人才或是东西，最有可能从小众里出来？这不是否定大众和主流，只是就奇特性、原创性而言，可能特别有冲击力的反而会从小众里面产生。

陈：有点道理。因为小众就要出奇招。

黄：奇招、险招，从这个角度来看，小众在整个人类文明的塑造上具有个案意义和特殊贡献？

陈：对啊，因为概率小。为什么盆栽栽得比较漂亮，会有人买？也是这个道理。

黄：现在北京也好，上海也罢，其实在文化领域还是有一些小众现象是大家比较关注的。比如说北京的小剧场、北京的独立音乐做得比较突出。另外我们知道有一些小众的网站，包括小众的公众号,做得都还不错。甚至现在还有些比较流行的词汇都得益于小众的文化,如王道、囧、雷、腹黑,等等。

陈:还比如什么细思恐极(西斯空寂)、喜大普奔等网络用语。

黄:您怎么看这类与互联网时代密切相关的小众文化现象?

陈:互联网给小众文化提供了另一个空间。现在的大众文化都酒香还怕巷子深,还要吆喝。你真的有好东西,必须要吆喝,不吆喝谁知道?当年100部长篇小说,现在一万部长篇小说,能比吗?现在有互联网,你要全民共看一部戏,不可能了。以前《林海雪原》,大家都知道。《繁花》(金宇澄),北京人看不懂,因为用上海话写的,但在长三角就卖得很好。当然也有可能北方文化过不来,《白鹿原》现在是过来了。有很多现在正热播的电视剧,如《那年花开月正圆》,讲的是陕商,不是晋商的故事,陕商没有乔家大院的感觉。如今的互联网时代给小众文化提供了更广阔的平台,因为没有这个平台,怎么可能过长江、过黄河?如果只是一个人自己在家想到了一个"囧",引用的人还要想一想这是什么意思?什么叫"蓝瘦""香菇"?我刚开始想这是什么东西?结果就是广东、广西人讲的"难受""想哭",变成了"蓝瘦""香菇"。我也是东看西看,想不通。后面一经引用,同学圈子里全部是"蓝瘦""香菇",就是

39 第九届文代会，与陈忠实（左）

名如其人：

忠实于八百里秦岭黄土高坡、忠实于数千年华夏血脉、忠实于心中的激情笔下的文墨。看似写的是原上白家和鹿家的几十年纠缠，实为你中有我我中有你的大时代变迁。十年磨一剑，一支笔写出了"可以放进棺材里当枕头使"的气魄。深深的皱褶里湙着真实真诚的气息。记得11年间在作协活动里多次见面，印象里是聊天时烟不离手。2006年在北京一次开会期间，满街一个人溜达。路过首都剧场，发现当晚有话剧《白鹿原》，立马决定观看。去了休息室才发现身边是陈老师。机缘巧合，我们一起为濮存昕、宋丹丹、郭达的精湛表演喝彩，随着剧中的白嘉轩、鹿子霖、田小娥们的命运跌宕起伏而揪心。12个农民组成的"老腔乐队"撕心裂肺吼出的高音直冲穹顶，就是日后流行歌手谭维维合作《给你一点颜色》的那支华阴老腔乐队。一不留神，我有幸陪陈老师看了首场演出，他始终乐呵呵地鼓励演员们：演得不错，排出来真不容易。我挺喜欢，高兴！这几天深切感怀那天怎么就路过了还立即进去了！当电视剧《平凡的世界》播出后，有陕西同行感到不是陕军拍的有些懊恼时，作为路遥的知音，老爷子非常耿直地点评：别人花力气拍了，你们挑毛病。这么多年搁这儿，那你们咋不拍！渐渐地，只听说他出门少多了，原来病了。慢慢地，听不见信息了，是病重了。但是文学高峰上的巨人铁骨铮铮，在读者心中，在文学史上屹立不倒。这个季节里离去的名家一个接一个，心疼之后期盼有才华有情怀有担当的新人如茂密森林。（陈东）

拜互联网所赐。你说的"囧""给力"就是这样传播开的。

黄：互联网比较深地改变了我们的思维方式、生活方式和消费方式，从您的角度来说，小众文化还得益于互联网的传播？

陈：绝对的。

黄：我有两个小例子，当然不是我发现的。央视有一个主持人张泉灵，您还记得她吗？她后来不是做了投资人吗？在一次比较大的投资人的演讲会上她举了两个例子。我也是蛮困惑的。第一个例子讲的是美国有一个做电脑程序员的平台，叫 Living Code。这是一个直播平台，每天放点什么内容在上面呢？就是程序员在电脑前面编程序，应该是很无聊的。然后程序员坐得实在累了，就站起来，喝一杯咖啡，然后走一圈，偶尔会有一点音乐。居然得到了美国一个很大的孵化平台的支持？第二个例子是这样的，一张桌子上放一个西瓜，两边两个男的穿着白大褂，在西瓜上箍橡皮筋，一直箍一直箍，直到它爆掉。当时同时在线的有 8 万人，可能谁都没有想到有这样的效果，有人就把它剪辑一下，制作了一个短视频，居然有 32 万人看。我蛮想跟您讨论的是，我们原来研究文化，会研究它有价值的一面、好的一面、真善美的一面。可是在这两个视频里面，非常明确的是无聊、凑热闹、瞎起哄，原来这也是人性中的内容！当然还有一些直播平台就是完全的自我推销，直播的内容诸如洗脸、刷牙、擦粉，等等，我们且不去管它。

陈：送花呀，送道具，等等。

黄：小众文化与商业资本结合后前景可能很不一样。小众文化看起来不主流、不正面，甚至就像刚才谈到的那样，我的无聊、我的瞎起哄、我的凑热闹，都可以是直播平台的内容，当然也是我人生中的一部分。小众文化与各类风险投资结合得好，居然很有市场！小众+商业+互联网，变成奇特的文化现象和产品。张泉灵根据刚才说的 Living Code 和 Facebook 这两个例子，提出了资本如何推动小众文化的问题。她碰到做小学教辅的老板，产品品质不那么高，但卖得不错。这个老板希望和大资本合作。张泉灵问："如果你的产品比较 low，怎么会有资金进入呢？"其实不然，有很多资金想进入。因为许多资金都在找合适的投资渠道，资金就像泡沫一样，会把产品推上去，推上以后可以设法挤掉泡沫，然后就有条件来做高端一点的产品。这种文化和商业的另类互动是我们以往文化研究的一个盲点。商业齿轮中如何实现文化价值一直是我们比较纠结的，资本追逐利润的本性和文化需要长久坚持的品格要兼得确实不容易。小众文化直播平台的方式也许可以给我们一些启发，转变我们原有的观念，至少使我们对人性可能性的开掘有更多的了解。

陈：比较多地去关注人性多元多层的内涵。

黄：原来理解中比较负面的那些内容，如果跟资金、互联网结合起来的时候，它所产生的冲击力会怎样？

陈：你是说对正面文化生态的冲击吧？

黄：我觉得是非常大的冲击，但是不能说它一定有问题。有近10万的点击率，有几十万的视频，不能忽视这种现象。不知您怎么看？它不是一个东西，是很多东西结合在一起的多元体，有互联网的条件，有资金的支持，有传播的便捷性和及时性。我们觉得很无厘头的、不入法眼的东西，居然有数十万人点击。程序员平台这种东西，我肯定不会去看。但是那些爱好者说："你傻了，做程序员的人很多，他们会去看，这样，一个市场不就起来了？"您怎么看？

陈：我做这么多年主流文化艺术的主管，总体感觉这些现象的存在有其合理性，但是并不说明它就是值得张扬的。所谓存在的合理性，是肯定一定人群的需求，这些需求造就了市场，既然有市场，总有人愿意做推手，总有人获利。无利不起早，为什么在里面干？赚了眼球，赚了广告效应。谁吃饱了没事做？谁纯粹为了烧钱？作为主流文化和理论工作者应该关注这种现象，但不能让它发酵，最后变成主流，这才是最要紧的。它存在着，让它自生自长，自娱自乐，有人愿意投钱，有人需要，他要 kill the time，你就让它弄。但是一旦当它变成主流，就会挤压空间，越做越大时，无聊和瞎起哄的人就会越来越多，大家都箍西瓜，没有人种西瓜，你说这个社会能好吗？所以，这些直播平台总有一个底线在。自己玩玩可以，只要不危害他人。

黄：您觉得无害就可以？

陈：对整个社会没有正面教益，但它无害，也不反社会，那就随便他自己玩。一旦你危及公众，使大家都朝着这个无聊、瞎起哄的方向走，那就不行了。今天箍西瓜，明天箍牛油果，你说有意义吗？它会产生正能量？会产生正面的社会效应？都不产生的情况下，无法成为主流。有没有市场是另外一回事。

黄：您觉得小众 + 互联网 + 资本这种模式，产品又卖得好，只要无害就 OK？

陈：你不要今天箍西瓜，明天箍人，把人箍死掉，我觉得就没问题。弄到箍人，法律就要干预了，执法人员就要出动了。它不能变成一个主流的东西，不能变成像主流文化那样去弘扬、倡导更多人去效仿的东西。作为我们文化艺术的主管部门要看到这些非主流现象的存在，使自己的主旋律更贴近老百姓，努力使人喜欢看你的主流画面，听你的主流声音。总之要把自己做得更强，比如说将你现在有益无害的东西还可以做得更强。《那年花开月正圆》叙述了陕西女商人周莹的人生经历，一个底层的丫头做到陕西吴家东院的大当家，总好过用橡皮筋箍西瓜的视频吧？社会需要有正能量、有营养的东西。坏人是有恶报的，好人要好好地活，这些可能更阳光一些。

黄：上次有谁提议过？上海有很多"金话筒"奖获得者，可以做一个直播平台，每天一分钟，效果肯定不错。像自媒体视频脱口秀《逻辑思维》的罗振宇一样，他会一分钟推荐一本书。相比之下，营养高得多，质量也有保证。阿基米德FM也在做很多公益的事情。在网上做直播的人，可能对技术的东西更加感兴趣，而我们原来做内容很出色的人，也有他们的擅长所在，如果这两者做一个结合的话，主流文化传播的前景还是可以期待的。

陈：那是。

黄：可能也是做得好的，只是现在的侧重点稍微有点不一样。

陈：要谨慎对待趋利的一面。

黄：国外的很多博物馆有艺术基金或者行业协会的支持。像我们国家大型的博物馆有政府支持。相对小一些的民营的，现在发展也很快，至少我前几年去调研的时候，内容和数量都很可观。

陈：现在好像每年有 1 000 万元的资助，可以申请。

黄：这个信息我知道。

陈：1 000 万元的资助采用的是专家评审的方式，是专门针对民营博物馆的。

黄：我们当时评估了两家，一家是琉璃博物馆，一家是纺织博物馆。

陈：琉璃博物馆是杨惠珊创办的那个？

黄：对。当然还有像淮海路的古琴基金会，制作、教学、传播、展示都有。

陈：当然古琴这一块淮海路的幽篁里发展得很好，负责人把自己的工厂建到了张家港，杨致俭是古琴技艺的传承人，原来在同济大学学建筑，后来发现自己的兴趣还是在音乐上，希望把"南龚北李"两位大师的琴艺结合好，并形成有特色的创作。

黄：南方的大师是龚一吧？

陈：就是他。北李是指李祥霆。古琴是小众的，不能说它直接等于主流，但是又与主流有千丝万缕的关系。

黄：这些小众的东西，有的是跟主流传播的东西完全一致的，有的则不太一致，是有距离的。在这种情况下，您觉得政府在政策管理上有什么不同的招数？我不敢用"扶持"两个字。

陈：我们叫分类指导，分类扶持可能比较好一点。因为你如果全部打包，放在一个类别里就很难衡量，体量完全不一样。他们想获得的资金量和需求也是不一样的。办一个大型舞剧《朱鹮》，大河奔流与小溪潺潺能一样吗？肯定是不一样的。拍摄一个 75 集的电视剧和一个独幕剧投入也不一样。它可能是分层面，不同的类别，进行分类的指导和分类的关注，尽量兼顾。文化本身分类分层，即使是小众，也可以很有特点。我们叫"专、精、特"，给它做得很专、很精，很有特色。"专、精、特"的这些东西，发展方向比较好，比较正能量，比较有营养。不管它是很大众还是很小众，都应该有不同的政策来进行扶持。对大的文艺机构而言这一点钱不算什么，但是放到小众里面可能就顶天了，可以做很大的事。体量不同，区别对待。你说100万元做一个电影，那算什么？

黄：杯水车薪。

陈：几天就没了。但是如果将100万元投到古琴博物馆里，那就能支付好几年的展陈费用。

黄：我很赞成您刚才说的"专、精、特"的观点。上海社会科学院在做中华文化游学项目，我也参与做了一些工作。2017年7月与德国汉诺威一个爵士乐团合作举办了一场公益演出，放在上海市群众艺术馆。因为这个事情，和古琴基金会有些联系。7月12日演出结束后，我们在淮海路的幽篁里做了一场古琴与萨克斯的跨界即兴对话。中方选取了《高山流水》《阳关三叠》等古琴名曲。爵士乐团的萨克斯演奏家和我们的古琴演奏家通过音乐有非常棒的互动和共鸣。作为中国文人乐器的古琴也引起了外方了解的热情，他们对我方高超的演奏和所传达的情怀更是赞叹不已。据说这个基金会得到了传承人弟弟的资金支持。

陈：又蹦出来一个弟弟，像梵高的弟弟一样。

黄：我由此想到上海的非物质文化遗产的资金资助。数额可能都不大，但确实起到了扶持推动的作用。下面我们以小众实体书店为例来谈谈这一情况。
您还记得我们有一次对话是在新天地湖滨道的"言几又"书店吗？它是实体书店，情调不错，咖啡飘香。可惜没有几本我想要的书。而我们这些人文学者比较看重的一点就是书店对中外专业性书籍的遴选和评论。如北京的"风入松"书店，选书就比较符合学者口味。这些由大学或研究机构教授创办的非大众性书店在互联网时代但面临着艰难求生的局面。不是因为价值导向，也不是因为书籍品种，常常困于不断上涨的物业租金和网购压力。

陈：没有导向问题？

黄：没有导向问题。像这样的一个发展趋势，你很难说他要挣很多钱，确实是很难的。它也有网站，主要是以实体店为主，体验型，大家在那边看书、聊天、办讲座，应该是非常文人的方式。我也可以说是一种同人文化，就是这个圈子，但是比较难生存。所以我说它看起来不是创造意义上的、我俩聊的小众文化，但它绝对也不是大众文化。

陈：撑不了物业费。

黄：肯定撑不了。

陈：黄浦区的几家书店我了解一点，现在的大众书局还在，思考乐倒掉了。

黄：思考乐我以前去的次数也不少，淮海路上的上海书城也倒了，开不下去了。

陈：说句不恰当的话，实体书店有一点生生死死的感觉。当时思考乐出来，对大众书局冲击蛮大的，因为它里面环境布置很不错。

黄：阅读环境也很舒服。

陈：思考乐最早在福州路上有一家，徐家汇美罗城也有一家。现在思考乐倒了，大众书局又进去了，大众书局勉强还撑着。

这个行当现在在不断洗牌。虹口新开了一家建设书局，在苏州河沿岸。现在的民营城市书屋也很有特色，已经有好几家连锁店。这个 city house 在闵行就直接开在泰晤士小镇里。生生死死碰到了大洗牌，有钱有能力的可能换个店面又开了。但是有些书店就很可惜，品牌正在形成。可见现在资本的力量很强。

黄：太强大了。马克思当年的描述并不过时。当然有些小众的实体书店也可以卖掉。我也不主张用温情的道德主义解决问题。

陈：实际上应该大家帮一把，实体书店扶持资金多一点，他们自己再努力一点，就会好一点。

黄：您说得很有道理。这些书店不能搬到很远的地方去，搬去了可能更难以维持。

陈：远离文化人的圈子确实会比较麻烦。

黄：一个标志性的书店，不能离文化人很远。所以这些小众人文书店找的地段都是很贵的。上海的公共文化服务体系建设是走在全国前面的，社区文化服务中心 200 多家，基本的文化服务还是不错的。诸如此类的文化风景，确实不属于保基本的范围，如何在市场、政府、社会的共同支持下获得品牌持续生长的空间，值得我们好好琢磨。

一个产品和服务不够大众，就有可能被市场和资本淹没掉。做非主流的东西，希望开出一朵奇葩，需要好的文化生态和土壤。

陈：我相信慢慢会好起来的。我为什么关心它们到底能撑多久呢？因为现在人对于文化的认知和前几年已经有所不同。前几年我们讨论这一问题连基础都没有，没了就没了。但现在大家还有讨论的余地，从现在的角度来说大家都在关注，它可能会变成一个文化现象，所以现在讨论这个问题，比前几年好。

黄：这个前后对比我没有想到。

陈：现在为什么说还是有点可能呢？地铁原来不做文化项目的，现在地铁开始做音乐角，做文化推广，不同线路还要做出特色来。大家都意识到了。

黄：这个文化推广具体谁在管？

陈：地铁公司在管，和市文明办一起。到了哪个地界，比如说到文化广场，黄浦就比较积极；到了闵行，闵行就比较积极。

黄：对啊，其实就是一种很好的推广。

陈：上海相对来说包容性还是强的，海纳百川，有容乃大。

黄：小众的话题先聊到这里。稍稍离题讨论点宏观的内容，我听您讲过，上海这几年文艺创作和演出还是出了不少好作品，那为什么在很多人的直觉印象中还是有一点出入？我以前做过一个比喻，大意是说：一只鸟之所以成为鸟，是因为有一片好林子，它可以天高任鸟飞，环境宽松。如果这个林子变成笼子，鸟就变成了鸡。大众也好，小众也罢，文化界不少人士感觉上海文化的原创性、冲击力还不是特别强。我很想知道人家这种印象对不对？如果这个印象是有点道理的，那么原因到底在哪里？包容性、开明度，上海都是不缺的。生态环境也是好的。当然有人说强政府会不会是一个间接因素，这也只是一种说法。为什么探索了这么多年，做了那么多的努力，依然难以消除原创性、活力不足的印象？这个印象到底有没有道理？我个人觉得原创的作品也好，整个的文化发展氛围也好，一直在高位运行，总体质量应该是不错的。

陈：问题在两个方面，你要说满意，我自己也不满意。我在这个岗位上做了十多年，细细算起来，整整 11 年，如果算上在黄浦区宣传部的工作，前后加起来近 20 年。现在做文化发展基金会，还是没有离开。

黄：对，您在岗。

陈：我身在此山中，可能是一个很重要的原因。我看问题，可能就看到我看到的这些。我会觉得我们拍一个《平凡的世界》用了9年，从出剧本到投钱，到出作品，到一帧帧审看，到最后播出，不容易。

黄：确实是。

陈：很不容易吧？不知道的人觉得拍一部电视剧有什么了不起的？从路遥的原作开始，从与路遥的女儿路远接触商谈，是制作人单兰萍抵押了自己的房子，从银行里借了80万元，谈了第一版的版权。政府后来给了40万元，帮它续版，让她还本付息喘口气，到后来请人做导演，我都历历在目。版权续好了以后，换了6个编剧，导演也换了3次，最后定下毛卫宁导演。最终我们完成了这部剧拍摄，它获得了中宣部"五个一"工程奖。要知道是由上海去拍黄土高坡20世纪80年代的故事，你说有多少难？如果没有肯坐10年冷板凳的勇气，不可能取得今天的成果。

40 与电视剧《平凡的世界》主创人员（部分）。左一为演员王雷、中为导演毛卫宁、右一为演员袁弘、右二为编剧温豪杰

黄：只有做的人知道。

陈：事非经过不知难。《彭德怀》曾经也到过拍不下去的境地。《彭德怀》是上影集团下决心把钱投进去的，到底是从抗美援朝开始讲？还是从庐山会议开始讲？彭德怀的人生经历从哪里结束？不容易选择，也没人肯投。还好是拍《君住长江尾》这个编剧团队在做，编剧和制片两个人我都认识，很熟悉。《西藏的天空》也是，我和任仲伦冲到中央宣传部把活领回来的。我们没有想过还要拍《辛亥革命》，是因为长春电影制片厂拿在手里一直没完成，马上要到辛亥革命 100 周年，没办法了，交给上海电影制片厂来拍的。《西藏的天空》《辛亥革命》《铁人》等是按时任中央主要领导指示要求拍摄的。

当然我们也不是只拍主旋律片子，还拍商

清明时节欲断魂，感恩时刻泪纷纷。惊闻甘肃天水麦积山下走出的 75 岁作家、评论家雷达老师已然驾鹤西游了。从电视剧《白求恩》到影视剧《开天辟地》《大江东去》《焦裕禄》《平凡的世界》《彭德怀》《辛亥革命》《领袖》……但凡重大革命历史题材的作品论证，都会聆听到他带有家乡语音的点评，句句到位、精准犀利却不失友善。2015 年与英磊同志一起赴京到雷家请教青年艺术家培养计划，他只字未提身患肺部纤维化。就是表示出远门少了，但始终关注着新生代的文学成长和文艺评论在期间的作用。作为"文革"前的老大学生，老师对年轻人特别呵护，关注网络文学 IP 热门现象，还给我们签名送了书。此前多次在京沪两地受教于雷达老师，喜欢同率真的他常常聊天对话。大山一样的品格，铸就了他对新现实主义的描摹和剖析；石窟一般的印记当镌刻在中华文学的长卷上永不褪色。您走好！文学艺术界虽无奈地被迫关闭了一座雷达，九天外仍在接收讯息。后生们将终身受用！（陈东）

岁月不负深情——上海城市文化访谈录

41

42

41 探班电视剧《白求恩》剧组，左二
　 为白求恩扮演者特洛文·海斯，右
　 二为护士
42 探班电视剧《白求恩》剧组，左二
　 为导演杨阳

业大片《盗墓笔记》等，我们冲进去也是有故事的。2017 年拍《我是医生》，拍的是吴孟超，都是有原因、有故事的。拍《邹碧华》也是如此。尤其拍《平凡的世界》，是用 9 年的时间熬出来的。

黄：煎熬。

陈：我们不可能广而告之，告诉所有人我们是怎么走过来的，怎么可能去讲呢？真的是没有时间、没有精力管人家怎么看，我只有埋头想办法把事情做好。我是亲历者，对剧目很了解。甘苦自知。

黄：身在其中。

陈：我们有一些文化人是看人挑担不吃力。你叫他写个片子，叫他深入生活，叫他主创，他是不肯来的。如我们拍《起飞在即》，编剧赵敛是话剧中心的，她肯把自己绑在飞机上，因为她要体验试飞，整整 3 年，令人感动。

黄：要不是您说，我也不知道。

陈：写一部舞台剧，编剧需要知道如何把那么多的技术术语转换成在舞台剧上面的台词，你说容易吗？今天 C919 人人都知道了，3 年前谁知道什么叫 C919？大飞机、支线飞机也好，主线飞机也好，现在好多人站着说话不腰疼，说为什么不血性？为什么不牺牲？牺牲就完蛋了！这个好牺牲吗？一牺牲就变成马航了对不对？坐而论道，批评、点评是很容易，这个不好看，那个为什么不像《战狼》？《战狼》是战争片，《起飞在即》是工业片，一直在讲试飞员的故事：试飞员的工程师爱人去世了。他跟爱人是大学同学。为什么改行学了空气动力学？因为感情，和爱人走到了一起。是打开心扉给你讲心里话。这些情节来自生活，舞台剧不能生编硬造，两个小时内必须把故事讲清楚。后来国家艺术基金资助这个剧到全国巡演，是因为这个工业题材的戏好。

黄：鲜活生动地展现在舞台上。

陈：怎么说呢？一个原创作品出来，需要天时地利人和，一定是需要很多主创人员艰辛付出的。如果没有这些编导演团队跑到陕西去拍，不可能拍出《平凡的世界》，我们去探班的时候倾盆大雨，搭的景都在雨里面。今天我们去看《起飞在即》，也感到真实可信。如果这个编剧不去这么深入体验生活，不去仔细认真地听故事、讲故事，我们就没有机会在舞台上看到它的呈现。里边讲的情感故事，试飞员和工程师的故事全是编剧到现场采访来的，为了明白垂直起降、瞬间起降，她把自己绑在飞机上。所以我就说不是身在其中的人是体会不到的。看人家挑担的时候，他在原地批判，你说怎么办？

黄：因为我对这个不够了解，所以要从您这里证实下。

陈：有的人老喜欢跟 20 世纪 30 年代去比，那个时候上海如何如何，今不如昔，等等。

黄：怀想不得了的 30 年代。

陈：那不是废话吗？那时候国民政府在南京，现在中华人民共和国政府在北京。那个时候的南京和现在的北京是一回事吗？肯定不是一回事。现在的上海跟那时候的上海也不是一回事。

黄：情况完全变了。

陈：不能这样比。不能简单地套用。20 世纪的文化高地，就必须是这个世纪的什么什么，不能这样子类比。如果一定要这样，那我们只讲张爱玲，我们只讲张恨水，我们从来不讲巴金、鲁迅，肯定不可以的。

首先，我认为我们要让上海回归一个合理的定位，上海是文化中心，现在也没有被人家取代，它是码头，也是源头。它既是世界文明到这里来展示的码头，全中华文明在这里展示的码头，同时也是文化原创力的源头。这个源头需要大家的努力，不是骂娘可以骂出来的，也不是批判批出来的。我们需要文艺批判，需要大家批评，不批评它就不进步。但是批评要实事求是，客观理性，了解实际情况。

其次，千万不要抹杀艺术家的贡献。影视剧也好，舞台剧也罢。我们的美术从重大美术题材做到今天的城市文脉，再做到中华神话五千年，创作有显著成果，达到很高的水准。这么多的艺术家集结在同一题材下做事。题材和体裁是两码事。题材包括工业题材、农业题材、儿童题材等，也可以分为女性题材、男性题材。体裁是指适配性，这个适合做话剧，那个适合拍电影，这个适合做中华戏曲。题材和体裁很多人搞不清楚，老是不给它适配。"这么好的为什么不拍成电影？"有些题材和电影不合拍。电影需要在两个小时里面演完，最长的也不能超过四个小时（如《攻克柏林》）。

黄：我同意。

陈：《那时花开月正圆》就适合拍电视剧对不对？它是一个历史长卷。我们硬要把不同的题材装到不同的体裁里，不讲适配性，这个创作肯定是做不好的。另一点，事情都是有两面的。人民群众的需求和艺术家的贡献永远是有缺口的，永远是有服务缺口的。因为需求和它的供应，到底是供过于求还是供不应求？这个关系我们一定要想清楚。艺术生产千万不能大跃进，磨刀不误砍柴工。如果我们觉得我们是源头，我们就应该源源不断的，像爆米花一样的，一年100部出来，一定出问题。我们九年磨一刀，十年磨一剑，出来《亮剑》，出来《平凡的世界》，出来《彭德怀元帅》，出来《西藏的天空》，出来《朱鹮》……从《霸王别姬》《闪闪红星》做到《朱鹮》，上海歌舞团就是这样走过来的。没有当年的《霸王别姬》，没有《闪闪红星》，也就没有今天的《朱鹮》，团队是这样慢慢带出来的。艺术生产是有规律的，不是谁拔苗助长就可以做出来的。要尊重这一规律，今天播种，明天浇水，后天收获，必须要有一个耕耘的过程。这是我作为一个过来人的体会，千万不要"急就章"，千万不要放焰火，结果可能绚烂一刻，却教训无穷。

黄：我很赞成尊重文化艺术创造的规律，但看脚下，不断探索，急不得。

陈：绚烂一刻很容易，教训很惨很痛苦。你砸了很多钱，拿出来的是失败作品，经不起检验，那就太糟糕了。不要跟全世界比，就在中国比，一比就下去了。上海人民眼界很高，全国人民现在眼界也不低,你要糊弄人家,就被人家糊弄。

黄:糊弄肯定要出洋相。

陈:你想忽悠,你忽悠得过去吗?大家眼睛都很毒,粗制滥造过不了关。艺术有定规。

黄:跟您聊这么多,使我信心大增,也对上海文化的内在品格有了更理性的认识。

陈:我们要防止思维上的守株待兔,这样没有进步,更不可永远站在批判者的立场上。要抱着诚恳了解的态度去学习、认知和判断。比如说我跟你讲的《平凡的世界》9年煎熬,大家肯定不知道。

黄:我很喜欢这部电视剧,连陕西话都觉得亲切,有生活感。

陈:我跟你提的《彭德怀》,那些评论极端的人肯定没看过。

黄:至少要先看过再评论比较妥。

陈:更不要说《朱鹮》了。弄得不好连《霸王别姬》《闪闪红星》都没看过。他们的思想还停留在旧时代。

黄：早年热爱的，后来好像就没有了，就不关注了。那天好巧，我们跟上海电视台有关部门开一个小型座谈会，就来了参与拍摄《平凡的世界》的一位编导，名字我忘了。我说起看过这个剧，感觉很不错。他说："你们有人肯定，我很高兴。"我在北京读书的时候，就一直听中央人民广播电台播出的《平凡的世界》。

陈：当时得了茅盾文学奖，你听的是广播剧。最早我记得是孙道临演播的路遥的中篇小说，20世纪八九十年代播的广播剧有7集。然后才有中央人民广播电台播的《平凡的世界》，有100多集。精品要"立得住、传得开、留得下"；精品是写生活的，给人民大众看的，要经得起时代和人民的检验。

黄：您对上海文化艺术发展既有亲身经历，也有宏观思考，以后还要多向您请教。

图书在版编目（CIP）数据

岁月不负深情：上海城市文化访谈录/陈东，黄凯锋著.—上海：上海社会科学院出版社，2018
 ISBN 978-7-5520-2501-9

Ⅰ.①岁… Ⅱ.①陈…②黄… Ⅲ.①城市文化－研究－上海 Ⅳ.①G127.51

中国版本图书馆CIP数据核字（2018）第251581号

岁月不负深情——上海城市文化访谈录

著　　者：陈　东　黄凯锋
责任编辑：熊　艳
封面设计：广岛（Alvin）
出版发行：上海社会科学院出版社
　　　　　上海顺昌路622号　邮编200025
　　　　　电话总机021-63315900　销售热线021-53063735
　　　　　http://www.sassp.org.cn　E-mail: sassp@sass.org.cn
排　　版：南京展望文化发展有限公司
印　　刷：上海文艺大一印刷有限公司
开　　本：787×1092毫米　1/16开
印　　张：15.5
字　　数：156千字
版　　次：2019年1月第1版　2019年1月第1次印刷

ISBN 978-7-5520-2501-9/G·786　　　　　　定价：68.00元

版权所有　翻印必究